「あとから怒りがわいてくる人」のための処方箋

日本アンガーマネジメント協会理事
戸田久実

こんな経験、
ありませんか?

あとから怒りがわいてきて…

「何か言い返せばよかった」
と悔しくなる

こんな経験、
ありませんか？

あとから怒りがわいてきて…

夜眠れなくなる

こんな経験、
ありませんか?

あとから怒りがわいてきて…

仕事が手につかなくなる

こんな経験、
ありませんか?

あとから怒りがわいてきて…

身近な人に八つ当たりしてしまう

こんな経験、
ありませんか？

あとから怒りがわいてきて…

仕返しをしたくなることがある

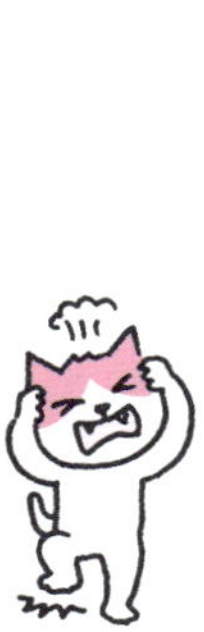

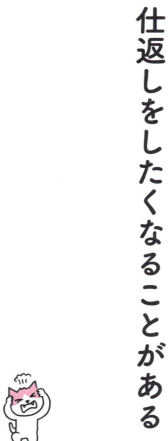

こんな経験、
ありませんか?

あとから怒りがわいてきて…

いつまでも根に持つ自分が嫌になる

こんな経験、
ありませんか？

あとから怒りがわいてきて…

自暴自棄になってしまう

ひとつでも
当てはまったあなたに、
心がラクになる
処方箋、 あります。

はじめに

怒りという感情は、私たちにとって自然な感情です。なくすことはできません。

ただ、「喜怒哀楽」の中でも、とくにエネルギーが強い感情であるために振り回されてしまうという人も多いのではないでしょうか。

長引くしつこい怒りについては、とても悩ましく思ってしまいますよね。


「あのとき、なぜ怒っておかなかったのだろう…」と長い間悶々とする。

「なぜあんなことをされたんだろう…」と思い返しては腹が立つ。

「こんなにいつまでも怒っている私がおかしいのだろうか…？」とたびたび自分を責める気持ちがわき起こってきてしんどい。

アンガーマネジメントやコミュニケーションをテーマに研修・講演に登壇すると、そんな悩みを相談されることが多くあります。

「思い出し怒り」という言葉があります。過去に感じた怒りをふと思い出すと、ずいぶん前のことでも、まるでついさっきのことのように怒りが再燃して膨れ上がってしまう、というものです。この「思い出し怒り」は、繰り返すたびに、とてもつらい気持ちになってしまいます。

本書では、そういったしつこい怒りに対してどう対処したらいいのかを扱います。

アンガーマネジメントとは、「怒ってはいけない」ということでも、怒らない人になることを目指すということでもありません。

アンガーマネジメントは、怒りとうまくつきあうための心理トレーニングです。イラッとした瞬間の対処法だけではなく、「思い出し怒り」のようなしつこい怒りにはどう向きあえばいいのか、実例をもとに具体的な取り組み方をご紹介してまいります。

しつこい怒りへの扱い方のヒントにしていただければ幸いです。

一般社団法人 日本アンガーマネジメント協会理事　戸田久実

目次

「あとから怒りがわいてくる人」のための処方箋

第1章 仕事編

第2章 家族・身内編

第3章 パートナー編

第4章 友人編

第5章

まだある！ その他のシーン編

第6章 「怒り」と上手につきあう心のトレーニング

第1章

仕事編

毎日働く職場での人間関係はとても重要。
嫌なことや納得いかないことがあっても、
その場では、グッとこらえてがんばる人も多いのでは？
起こりがちなシチュエーションや悩みとの
向きあい方を見ていきましょう。

ケース1

仕事中は気持ちを抑えているけど家に帰ると怒りがわいてきます

怒り度数

仕事のときは、怒りの感情を表に出さないよう意識しています。でも、家に帰ったときに、その日あった出来事を思い出してはイライラしてしまうことがよくあります。日頃からストレスをためないために、仕事上でももう少しうまく感情を出せるようになりたいのですが、いい方法はありますか？

（会社員Y太・30代）

怒りは適切に出すことも必要です

□正しい〝怒りの伝え方〟を身につけて、後悔を減らそう

あとから「あのときに怒っておけばよかった」と後悔するのは、理性的な人や、怒り慣れていない人に多い傾向があります。職場で波風を立てないようにこらえてばかりいると、かえってイライラして、怒りをため込みやすくなってしまう可能性があります。

怒りには、「矛先を固定できない」という性質があります。これはどういうことかというと、怒りを抱いた相手に対してではなく、まったく関係のない、ぶつけやすい相手に対してイライラを発散してしまうのです。

たとえば、家に帰ってひとりで悶々とするだけでなく、一緒に住んでいる家族やパートナーに、八つ当たりのように怒りをぶつけてしまったりします。ぶつけられた人は、なぜ怒られなければならないのかがわかりませんし、それをきっかけに揉めてしまうこともあるでしょう。

アンガーログ

書き方のポイント

□ その日に感じた怒りを直感的に書く

□ 怒りを感じるたびに書く

□ その場では分析しない

（例）　○月○日　会社にて

・山田課長に「仕事が遅いから、もっと手際よく進めてくれよ」と言われた

・思ったこと・伝えたいこと：休養中の社員の仕事もこなさなければならないので時間がかかるのは理解してほしい!

・怒り度：6

アンガーマネジメントは、「怒りで後悔しないこと」を目指すためのもの。怒ってはいけないということではありません。

「あんな怒り方をしなければよかった」という後悔はもちろん、「あのとき怒っておけばよかった」という後悔も、しなくなることを目指しています。

そのためには、怒る必要があると判断したときには、適切な怒り方をすることも重要です。

□「アンガーログ」で、怒りを言語化する

まず、自分にとって怒る必要のあることと、怒る必要のないことの線引きをしましょう。そして、怒る必要があると判断したら、「これは○○してほしい」「○○してほしかった」というリクエストとして、相手に伝える練習をしていきます。

同時に、「○○されて困った」「不安を感じた」という気持ちを伝える練習もおこなうといいでしょう。そのためには、怒りを感じたことをその都度ノートやスマートフォンに記録する「アンガーログ」がおすすめです。

「この怒りを相手に伝えるなら、なんて言う?」と考えてみて、できるだけ具体的に伝えたかった内容を言語化します。書くことを習慣化できると、いざというときにもスムーズに伝えられるようになります。仕事中に怒りを感じたときも、抑えることなくその場で適切な言葉で伝えられるのが望ましいですね。

頭の中だけで考えていると、つい悶々としてしまいます。書き出すことで整理されるので、「本当はどうしたかったのか」と考え、ひと呼吸おくことが、このタイプの人には必要なのかもしれません。

まとめポイント

怒りを言語化して整理することで、うまく扱えるようになりましょう

ケース 2

同僚女性に、嫉妬混じりの怒りを抱いてしまいます

同僚の女性を見ていると、「なぜ彼女ばかり仕事のチャンスがまわってきて、チヤホヤされるんだろう。ちょっとかわいいからって、ずるい」という嫉妬の気持ちがいつもわき、それを長い間引きずってしまいます。彼女もいい気になっているので、余計に腹が立ちます。私だってがんばっているのに…。

（会社員S美・20代）

怒り度数

怒りの内容を分析して整理しましょう

□嫉妬は自分が損をすることに気づく

身近な同僚だけに、「なんであの人ばかり」と心穏やかでいられないこともありますよね。でも、嫉妬や妬みを抱いていると、佇まいや雰囲気から、負の空気がにじみ出てしまいます。まわりから、怖い人だと思われてしまっているかもしれません。妬みが強ければ強いほど、自分が損をする悪循環になってしまうのです。

あなたのイライラは、嫉妬と妬みのどちらでしょうか？

嫉妬と妬みは似ているようで違います。「嫉妬」は、自分の持っているものを奪われることへの恐れやいら立ち。長所を含めた相手の性質をうらやんだり腹立たしくなるときに抱く気持ちです。

一方、「妬み」は、自分にないものを持っている人がうらやましくて、腹立たしく感じる気持ちです。

これを分析すると、頭の中で理性が働きはじめます。そうすると、イライラモヤモヤした腹立たしい気持ちも、冷静に整理しやすくなるのです。

《嫉妬の例》
・いまの自分の役割や、ポジションが奪われる
・いままで自分がひいきされていたのに、新入社員や若くてかわいい子が入ったら、上司たちがそちらに目をかけるようになってしまった

《妬みの例》
・うまくいっている人に対するうらやましさ
・自分にない能力を持っている
・容姿がいい

□嫉妬や怒りを、成長の原動力に変える

どうがんばっても手に入らないものや、身につかないものもあるでしょう。たと

えば、容姿の場合は、うらやましく思い続けるだけではなかなか解決にはつながりませんよね。

嫉妬や妬みを持つこと自体は、いけないことではありません。何について嫉妬しているのか・妬んでいるのかを客観的に分析してみると、どうにかできること・どうにもならないことに分けられます。もしどうにもならないことであれば、「自分の別の能力を磨くことで、ほかにがんばれることはないか」と考えてみませんか？

相手がいい評価を受けている部分があれば、よきモデルとして真似できるところを取り入れてみましょう。嫉妬は、建設的な動きに変えていくことで、成長の原動力にもなりますよ。

まとめポイント

嫉妬の感情を分析して、建設的な行動の源に変えていきましょう

ケース3

過去にされたことを許せない人との仕事が苦痛です…

どうせできないよね?
ニヤニヤ
いえ…

50
怒り度数

職場の人に「どうせあなたには無理だよね」と言われて傷つき、二度と話したくない気持ちに。その後、相手の態度も少しは改善したのですが、過去の出来事が忘れられず、仕事に支障をきたすような関係が続いています。許せない相手と仕事をしなければいけないときは、どうすればいいでしょうか?

（会社員K太・30代）

仕事上のマナーと割り切りましょう

□イライラすることで、怒りが増してしまう

許せない相手と一緒に仕事をするのは、耐え難いものがありますよね。しかし気をつけなければならないことがあります。「許せない」という強い感情は、その強さの分だけ、知らず知らずのうちに表情や語調、態度ににじみ出てしまうことがあるのです。相手もそれを感じとると、場の雰囲気が悪くなって、仕事に支障をきたすこともあるでしょう。

そうなると、ますます相手を嫌う気持ちが大きくなり、仕事もうまく回らなくなってしまいます。

仕事上、不快感を態度で示してしまうと、自分の評価を下げることにもなりかねません。かかわらなくてはならない相手であれば、挨拶時や仕事でのかかわりが必要な場では嫌な顔をしないように意識しましょう。不機嫌さを相手に悟らせないよ

うに接することは、誰もが気をつけなければいけない最低限のマナーです。されたことを無理に忘れようとしなくてもいいので、「割り切る」という選択をしてみてはいかがでしょうか。

では、割り切るためには具体的にどうすればいいか、解説していきましょう。

□気になることは、事実のみを伝える

まず今回のケースの場合、「相手も少しずつ改善している」ということにも目を向けてみましょう。人は一瞬では変われません。また、自分自身を変えるには、多大なエネルギーが必要になります。その人が変わろうとしていることを受けとめ、あなたも変わるという選択をしてみるのも一案です。

もしも、相手に自覚がない場合は、事実を具体的に伝えてみるという方法もあります。

感情的に伝えると、責めるようにもなってしまうので、

「『どうせあなたにはできないと思うけれど』と、言わないでほしいです」

「そう言われると傷つきます」

と冷静な口調で伝えるといいでしょう。

仕事でかかわらなくてはいけない相手である分、コミュニケーションをとらないと進められないこともあるはずです。ここでぎくしゃくすると、自分の仕事に支障をきたしてしまいます。そんな不本意な事態に陥ってしまうのは避けたいものです。

その相手とかかわるときは、仕事の本来の目的が果たせるように集中してくださいね。そして、仕事に集中できた自分を、ねぎらってあげましょう。

割り切り方については、97ページでも触れています。

まとめポイント

気になるときは事実を伝えること。仕事と割り切って接しましょう

ケース
4

ミスをしても毎回謝らない姿に過去の怒りが蓄積していきます

食べものは？
え？ K次が用意するのかと思ったー
またかよ…
炭

よくミスをする人がそのたびにいつも言い訳をしたり、「そんなことは聞いていなかった」と逆ギレしてきたりすると、ミス以上に腹が立ちます。「謝ったら負け」「謝ったら自分の価値が下がる」とでも思っているのか、注意をされたときのとても頑なな態度に、終始イライラしてしまいます。

（会社員K次・40代）

50
怒り度数

謝れない人は見限るのもひとつの手

□ 〝謝らない＝自分の評判を下げている〟ことに気がつかない

人間なので、ミスをすることや周りに迷惑をかけてしまうことは当然あるものです。それに対して素直に謝れない人がいますよね。さらに、言い訳をしてきたり「そんなことは聞いていない」と開き直ったような態度をとられると、余計に腹が立つものです。

そういうことが何度も重なると、「また謝らなかった」という悶々とした怒りが、積み上がっていきます。あまりに続くと、「この人はミスをしたり周りに迷惑をかけたりしてもちっとも悪いと思っていないのでは…」と疑いの気持ちまでわいてきてしまうでしょう。

□損していることを伝えるか・受け流すかの線引きをする

このことを、相手に言うか言わないかは、その人との関係性や自分の相手への感情などをもとに、あなたの基準で判断しましょう。

言える人、言ったほうがいい人の場合、

①「そこは謝ってほしかった」と、ストレートに伝える。

②「こんなデメリットがある」と、謝らないことで本人が損をすることを説明する。

たとえば、迷惑をかけたり、誰かが時間を割いてそのフォローをしていることを考えたら、「本当にご迷惑をおかけしました」と、謝ることやお詫びをするのが筋です。それによって、周りは「次にまた手を貸してあげたい」「反省しているのだから許そう」と思えますが、謝らないことで、周りに優しく接してもらえる機会を失ってしまいます。

謝らない人には、どこかで必ず失礼な振る舞いのツケがまわってくるものです。

せっかくいい才能を持っていても、謝らないことで大きなデメリットを生むことに気づけないのは、とてももったいないことですね。

もし「わざわざ言う必要はない」と判断するのであれば、相手への怒りをどう受け流していくかが重要になります。

謝らない人に対して、許せない気持ちもわくかもしれませんが、

「世の中にはこういう人もいる」

「言っても変わらない人に、これ以上伝えても無駄かな」

「この関係は長く続かない」

というように割り切って、受け流すようにしましょう。

イライラすることにあまり時間を使わないようにできると、自然とラクになっていきますよ。

まとめポイント

謝れない幼稚さは本人にとっても損。相手に合わせて対処を決めましょう

ケース 5

自分ばかりが仕事をしていて手を抜く人が許せません

いろいろ気になって、つい自分から手を出してしまうのですが、次第に相手が「5子にやってもらえるもの」と手を抜くようになり、仕事中もおしゃべりばかり…。自分だけが一生懸命働いている感じがして、あとから怒りの気持ちがわいてきます。

（会社員 5子・30代）

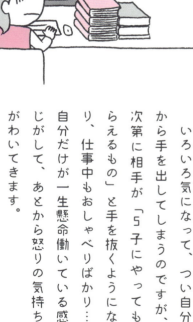

相手にしてほしいことを具体的に伝えましょう

□手伝うときの線引きを設ける

仕事ができて、いろいろなことに気がつく人や完璧主義の人ほど、ほかの人の仕事もつい手伝ってしまうという経験が多いのではないでしょうか。

そのようなタイプの人の中には、相手の仕事にも完璧を求めたり、不完全な状態を見過ごすことができず、つい手を出してしまう人もいます。

ただ、やたらと手を抜いたりサボりグセのある相手をサポートする場合は要注意です。こちらがよかれと思って手伝うと、「やってもらえる」と甘えて依存されてしまうことがあるからです。手を出したくなる気持ちをグッとこらえて、「本当に自分が代わりにおこなう必要のある仕事なのか」ということを、見極める必要があります。

「相手が手を抜くことで、余計な負担がかかる仕事内容であれば、代わりにおこなう」というように、自分の中で基準を決め、手伝うこと・手伝わないことの線引きを設けてみましょう。

□やってほしいことを具体的にすり合わせる

残念ながら、「仕事は完璧であるべき」「ここまで達成するべき」という程度は人によって違います。そのため、相手の手抜きが目立つ場合は、どこまでやってほしいかを一度話しあって、すり合わせる必要があります。ここを明確にしておかないと、こちらが求める水準に相手が達することはありません。

また、仕事のレベルが低い人は2種類に分かれます。

「サボる人」と「気づけない人」です。とくに、若い世代には、「明確な指示を出してくれればできるんだけど…」というタイプの人が多くいます。ですから、「ここからここまでをやってほしい」と伝えることは、必須だと思っておきましょう。

具体的には、「ここまでの範囲を、この期間で仕上げてほしい」というくらい、わかりやすく伝えることがポイントです。

自分のペースと違うとつい手を出してしまいたくなりますが、そこはグッとこらえましょう。「期限を明示する」「進捗を報告してもらう」といった取り決めをして、事前対策をしましょう。

また、できる人や完璧主義な人ほど、「この前も言ったよね」「私が新入社員のときは、○○だったんだからできるよね」などといった言い方でつい相手を責めてしまいがちです。

その人の思考や行動のクセは、一度では直りませんし、自分の過去を引き合いに出しても意味はありません。何度も伝えて理解してもらう必要があることを覚えておきましょう。

まとめポイント

手を出す線引きを決め、してほしいことは具体的に何度も伝えましょう

ケース
6

意見の違いで衝突した同僚への怒りがおさまりません

ある仕事でつい感情的になり、同僚と激しくぶつかってしまいました。その後相手は異動となり、それ以来顔をあわせて話す機会もなく、疎遠になっています。それでも、感情をぶつけあったシーンを思い出すと、まだイライラすることがあります。時間が経てばこの怒りも消えるものでしょうか？

（会社員K恵・40代）

過去の嫌なことを、リアルに体験し直していませんか？

□怒りの出来事は時間が解決してくれることも

現時点ではすでに相手との接点がなくなっているにもかかわらず、そのときのシーンを思い浮かべるたびに、怒りの感情がよみがえってきてしまうということがあります。

そんなとき、

「そこまで言わなくてもいいのに」

「なんでこっちの言うことをわかってくれなかったんだろう」

「私の言っていることのほうが正しいのに」

という、怒りの気持ちがわいてきて、当時と同じくらい、またはそれ以上に腹が立ってしまうのではないでしょうか。

長引く怒りは時間が解決してくれる側面があります。記憶が薄れていくにしたがって、感情もだんだん弱まっていくときがくるはずです。

でも、まだそのような境地にはたどり着いていない場合、怒りがふたたび込み上げてくることを抑えるための対処法を、いくつか考えてみるといいでしょう。

□現実の「いま」「ここ」に意識を向けよう

怒りを思い出した瞬間に、その怒り以外の何かに意識を向けてみます。
たとえば具体的には、

- おいしいコーヒーを淹れる（コーヒーの香りにも癒されます）
- 好きなアロマの香りを嗅いでみる
- 深呼吸してストレッチをする
- 心休まる好きな動画を観る

このように、まずは「いま、ここ」（182ページ参照）に意識を向け、そこからリラックスできることに取り組んでみましょう。「過去」から「いま」へ、強制的に意識を戻すことで、わいてきた怒りを断ち切ってしまうのです。

怒りの場面が映画のワンシーンのように心の中で思い浮かび、その世界にどっぷりと入り込んでしまう…そして、そのときの感情をふたたび味わう、ということは避けたいものです。

ずっと怒りの出来事ばかりにとらわれていると、苦しくなってしまいます。

あえてほかのことに打ち込んだり夢中になったりすることで、いつの間にか忘れられるものもあります。どうにもならない怒りに悶々とする時間を、意識的に減らしていけるといいですね。

まとめポイント

怒りを思い出したら、違うことをして意識を「いま」に戻しましょう

ケース 7

同じ失敗を繰り返す部下に怒りがぶり返してきます

・・・・。
申し訳ありませんっ!
この前と同じミスだよ

仕事で部下が何度も失敗を繰り返し、その後始末で取引先にたびたびお詫びに出向くなど、さんざん迷惑をかけられてきました。再び同じようなミスをされたとき、以前のミスや、自分にかかった負担を思い出してしまってさらに怒りが…。こんなとき、どうしたらいいのでしょうか…。

（会社員T郎・40代）

60
怒り度数

絡まったいろいろな怒りをほどいていきましょう

□どの怒りが強いのか俯瞰して考える

過去と同じことがあると、そのときの記憶がよみがえってくることがありますよね。しかも相手に自覚がないとくれば、余計に腹が立つものです。

このようなケースの場合、いろいろな怒りが絡まっています。たとえば、

・何度注意しても、確認不足から同じような失敗を繰り返す
・こちらがフォローしたことについて、お礼も言わない
・どれだけ周りに迷惑をかけているかを理解していない

というものが挙げられます。

こんなときは、何に対してとくに怒りが強くなっているのか、俯瞰して考えてみるといいでしょう。そして、自分の感じている怒りの中で、相手に伝えたいことは何か・言ってもどうにもならないことは何かの線引きをしてみてください。

□伝えたいことは、お願いや「Ｉメッセージ」で伝える

「フォローしてもらうのが当然だ」と思っているタイプの人の場合、「周りがどれだけフォローしているのか」ということを、わかってもらう必要があります。

あなたが上司の場合、「自分が責任を持ってやらなければ」と抱え込んで、怒りをためていってしまうケースも。そうならないためには、自分自身の気持ちを伝えることが、とても大切なのです。具体的には、次の２つを意識するといいでしょう。

①「今後一緒に仕事をするにあたり、お願いしたいこと」として伝える

・「ミスをしないように〜してほしい」と、どう取り組めばいいか伝える。その際には、「ミスをするとチームや取引先にどんな影響があるのか」や、「自分や誰かがそのフォローをしていて、それがどの程度の負担になっているのか」といったことも交えて話す

②「Ｉメッセージ」で気持ちを伝える

◎「私もあなたのフォローに回ったことで、自分の仕事が手につかないときがあっ

て、大変だったんだよ」と、「私」を主語にしたIメッセージで感情的にならないように伝える

×「あなたは、私たちがどれだけ大変かわかっていないよね」とは言わない（収拾がつかなくなるだけ）

もし改善が見られない場合、少し時間を空けてから、伝えたことに対して「どう受けとめたか聞かせてもらえないかな？」と声をかけましょう。それでも改善が見られず、本人も自覚がないようであれば、同じチームの先輩や上司に相談しましょう。チームで問題を共有し、どう解決するかを検討することが大切です。

まとめポイント

怒りの感情を線引きして振り分け、お願いやIメッセージで伝えましょう

ケース 8

自分が上げた成果を認めてもらえずモヤモヤ…

自分が中心になってプロジェクトを進めてきました。成果も上げたのに、周囲の人に認めてもらったり、感謝してもらえなかったことが引っかかっています。これから先も「どうせ認められない」と思うと、卑屈な気持ちや虚しさがわいてきます。ふと思い出すたびに悔しくなります…。

（会社員M也・30代）

「認められていない」という思い込みを捨てましょう

□言葉にしないだけで、認められていることもある

周りに認められることは仕事をするうえで大きなモチベーションにもなりますし、「私はこのチームの一員なのだ」という所属意識も高まります。それがないのは、とてもつらいことでしょう。

一緒に仕事をする人の中には、「プロジェクトリーダーなら、何でもする（できる）のがあたりまえだ」と思っている人もいるかもしれません。これは本人にとってはしんどいことかもしれませんが、だからといって、相手に対して「感謝の気持ちを表しなさい」と強要するのは難しいもの。

「どうして?」と思い続けても状況は変わらないので、怒りが募るばかりでしょう。

しかし、見方を変えると、人によっては、感謝の気持ちをうまく表せていないだけの場合もあります。口には出さないけれど、周りの人は感謝の気持ちを持ってい

て、リーダーをきちんと認めているというケースも多いのです。

□視点を変えて、自分から感謝の気持ちを持つ

そんなときは、視点を変えて、「自分は周りに対して感謝の気持ちを伝えることができているだろうか」と問いかけてみてください。

自分が中心で成果を上げたとしても、プロジェクトがうまくいったのは、周りのチームメンバーが協力してくれたおかげでもあるでしょう。さらにはこのプロジェクトの機会を設けてくれた上司の存在あってということも事実です。

「相手は自分を映し出す鏡」という言葉があります。まず自分自身が周りに対して、些細なことにも感謝し、その努力や自分のためにしてくれたこと、チームのメンバーとして認めていることを言葉や態度で表すようにしましょう。

たとえば、「〇〇さんのおかげで、うまく進んだよ」「これをやってくれて助かったよ」「手を貸してくれてありがとう」と言ってみる。ほかには、「お疲れさま」と伝えてコーヒーを淹れる、お茶をごちそうするといったねぎらい方もあります。

こういったことを心がけていると、「感謝を伝える」という循環が起こりやすく

なっていくのです。

職場の風土として、ほめる、認める、たたえるという習慣があまりない会社もあります。誰かが言いはじめることで、それが伝播して、風土が変わっていくこともあるかもしれません。

「感謝されない、認められない」と不満に思っているとき、「自分も周りに想いや感謝を伝えていない」ということが意外とあるものです。

不満を感じるときほど、まずは自分から、感謝をするいい循環を起こしてみませんか？　流れが変わるはずですよ。

まとめポイント

認められたいときこそ、率先して周りに感謝を伝えましょう

ケース 9

上司の無責任さに直面すると過去の怒りが再燃します

ふとしたときに、上司の無責任さを感じると「あーあ、またか…」と思ってしまいます。かつて仕事のミスを私になすりつけてきた上司の振る舞いが思い出され、「きっとまたこうに違いない」とイライラしてしまいます。このネガティブな感情をどう解消したらいいでしょうか。

（会社員N子・30代）

上司に100％を求めていませんか？

□上司に過度な期待をしてしまう

上司にもいろいろな人がいますね。本当に困ったタイプの人がいるのも事実です。ただ、たくさんの企業でお話を聞いていると、昨今では「上司なんだから、自分以上のパフォーマンスを出せて当然」という過度な期待を持っている人が増えているのも感じます。自分の期待通りにいかないと、「上司のくせに」という思いを抱いてしまいがちのようです。

見えていないだけで、上司という立場にいることで背負っているものがあります。しかし、それは上司になってみないとわかりません。上司と部下の間にある立場のギャップが、問題をこじらせてしまっているところもあるのかもしれませんね。

実際のところ、１００％完璧な上司には、なかなかめぐり会えるものではありません。人は、自分の「こうあるべき」という理想や期待が裏切られると、腹が立つものです。まず、自分が過度な期待をしていないかどうか、振り返ってみましょう。

□無責任な上司への対策

「無責任」といってもいろいろあります。そもそもどんなことを無責任と感じたのか、振り分けてみるといいでしょう。たとえば次に挙げる例のように、「自分に関係のないこと・あること」で分けることもできます。そして、自分の身に降りかかることについては、上司の無責任さによって被害を受けなくてすむように取り組みましょう。

《自分に関係のない無責任さ》
・出社が遅い
・仕事に一切かかわってこない（信頼して全面的に任せているのかもしれないけれど）

《自分に関係のある無責任さ》
・自分への指示をコロコロ変える
・言ったことを忘れる

（対策）↓議事録やメモをとる。メール上に記録を残す

・トラブルや確認事項を報告したのに、「知らない」と言われる

（対策）↓ほかの上司も宛先に入れ、報告や相談をする

上司だからといって過度な期待をしないことが一番です。また、自分に関係する範囲でトラブルにならないように対策を打てば、怒りは減っていくはずです。

ある研修先で、入社3年目の女性は「言ったことをすぐ忘れる上司のおかげで、私がしっかりしなきゃと意識を変え、成長できた部分があると思います」と話してくれました。無責任な上司との仕事によって、自分自身の成長につながったと、プラスにとらえ直すことができると毎日が変わってくるはずです。

まとめポイント

上司に過度な期待をせず、自分でトラブルを防ぐ対策をしましょう

ケース
10

理不尽な異動で人事への怒りが消えません

十数年いた部署から、まったく関係のない部署に突然異動させられました。これまできちんと実績も上げてきたのに、納得がいきません。新しい仕事に意欲もわかず、環境にも馴染めず、会社の人事への怒りばかりが何度も込み上げてきます…。

（会社員R太・40代）

怒り度数

どうにもならないものへの怒りを手放しましょう

□過去にしがみついても、よい未来にはつながらない

私の仕事柄、人事でショックや怒りを感じたといった相談を受けることがよくあります。想定外の、しかも望んでいなかった辞令を受け入れるには、それなりの時間が必要ですよね。「どうして自分が…」という気持ちを抱く人も多いでしょう。

ただ、アンガーマネジメントでは、「なぜ？」という原因には目を向けません。長期的に考えた際に、「今後どう行動するのが、自分にとって最良の判断なのか」に目を向けて思考し、行動するのがアンガーマネジメントの解決志向です。

「あんなに実績を上げてきたのに」「以前の部署のほうがよかった」と、過去にしがみついていると、未来の仕事に対しての集中力も、意欲もわかなくなってしまうでしょう。それは、自分にとっても、チームにとっても、会社にとっても不幸な結果になるだけです。

ここでのポイントは、『人事』というどうにもならないものに、いつまでも恨み

がましい想いを抱えていても、建設的ではない」というところです。人事だけでなく、自分の力では変えられない・あらがえないことに対してネガティブな感情を抱くのはあまり意味のあることではありません。

異動の内示はショックではあると思いますが、気持ちを切り替え、新しい環境をどうプラスにできるかに意識を向けて、新生活をはじめることをおすすめします。

□ 異動に対する、自分なりの意味を見出そう

ある企業研修で「本当に理不尽な人事だと思っていたけれど、取り組んでみたら10年後に新たなキャリアを身につけることができ、自分にとってよかったんだと思えました」と話してくれた男性がいました。このようなパターンは、意外と多いものです。

「異動を繰り返し、経験を積んでいったら、その一つひとつが自分の成長にもつながり、異動したことはよかったんだと思えた」

「いままで自分が育成してきた後輩たちに、ほかの部署での経験を伝えることで貢献できるかもしれない。そう思ってがんばります」

そう話す人もいました。
「自分なりに、異動した意味を見出す」と決め、異動によってたとえば次のような得られたこと、よかったことがないかを振り返ってみましょう。

- 新たな経験ができる
- 長期的に見たら、自分のキャリアにとって大きなプラスになる
- 視点を変えるのに、いい機会だったのかもしれない

このように、5年後、10年後といった長期的な視野で、いまの環境をプラスにとらえてみませんか？　そうすれば、未来はきっと明るくなるはずです。

まとめポイント

「新しい環境をプラスにする」ことに意識を向けていきましょう

ケース
11

お客さまからの理不尽な苦情を思い出し、夜も眠れません…

接客業をしています。理不尽な苦情をぶつけてくるお客さまに対しての怒りが、時間が経ってもなかなか消えません。明らかな落ち度がある場合はお詫びしますが、こちらに非がないときにも下手に出なければならず、就寝時に抑えていた怒りがわいてきて眠れなくなります。

（販売員N子・30代）

怒りの悪循環に巻き込まれないようにしましょう

□睡眠不足で、イライラしやすくなることも…

昨今、「悪質なクレームで過度な要求や謝罪を求めてくるお客さまへの対応に困っている」という声をよく耳にします。このような悪質なクレームのことを、「カスタマーハラスメント（カスハラ）」といいます。

威嚇的な態度をとられたり、人格を否定するような暴言まで吐かれたりしたとき、怒りや恐怖を覚えることも少なくありません。

自分がお店側の立場である以上、その場をおさめるためには穏便に対応しなければならないでしょう。「どうして私がこんなことを言われなくてはならないのか」「理不尽だ」「悔しい」という思いが込み上げてきてしまうのもよくわかります。「相手の態度がショックで接客するのが怖くなってしまう」という人もいます。カスハラはいまや、社会問題になりつつあるのです。

ひどい態度をとる人は、いろいろなところで同じようなことをしている可能性が高く、残念ながらカスハラを完全になくすことは難しいでしょう。また、誰が対応しても防げなかったであろうケースも多々あります。ですから、負の気持ちに引っ張られないようにしたいですね。

ここで避けたいのは、カスハラを受けたことで、頭の中でクレーマーへの怒りが反芻されて、寝つきが悪くなったり、睡眠の質や目覚めも悪くなり、寝不足でイライラしがちになるという悪循環に陥ってしまうことです。

□就寝時は、イライラにフォーカスしない

寝る前に昼間の出来事を思い出して怒りがわいてしまうときには、そのイライラにフォーカスしないように意識を逸らしましょう。たとえば、あなたが接客するお客さまの中には、感謝を伝えてくれる人もいるはずです。言われてうれしかったことや、うまく接客ができた自分の姿を思い浮かべてみましょう。

とはいえ、怒りを思い出したタイミングで突然いいことを思い浮かべるのは難しいもの。まずは日頃からうれしかったこと、よかったことを書き出しておくようにしましょう。そして何かあったときに、書き出したことを思い出すようにしてくだ

さい。

イライラしているときは、自律神経の交感神経が優位になっているので、体はアクセルを踏んでいるような状態です。夜ぐっすり眠るためには、ブレーキになる副交感神経を優位にする必要があります。そのために、まず心と体をリラックスさせてあげましょう。

自律神経研究の第一人者でいらっしゃる順天堂大学医学部の小林弘幸教授は、自律神経を整える方法として、次のようなことを推奨しています。

- 深呼吸する（6秒吐いて3秒吸う。これを1分間～3分間続ける）
- うれしいことを思い出す

ぜひ習慣化し、寝る前に取り入れてみてくださいね。

まとめポイント

寝る前に心地よく過ごせるよう、リラックスできる方法を増やしましょう

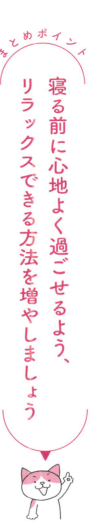

ケース12

上司のセクハラを思い出すと不快感がよみがえってきます…

セクハラを受けたときの不快な気持ちが、何年経っても忘れられません。ふと思い出すと、体を触られたり、卑猥なことを言われたときの嫌悪感、恥ずかしさ、怒りがよみがえってきて、悶々としたり、何も手につかなくなってしまうことがあります。

（会社員Y子・30代）

ひとりで抱え込まず、誰かに聞いてもらいましょう

□セクハラをされた嫌な気持ちは、なかなか消えない

セクハラ問題は、時間が経っても苦しんでいる人が多い悩みです。
もし、相手がいまでも上司なのであれば、そのままにしてはいけません。すぐに組織の相談窓口や、信頼できる人に相談する必要があります。近年では、女性から男性へのセクハラのケースも増えてきています。

過去のことであれば、無理に忘れる必要はないものの、相手を恨む気持ちまでわいてしまうのなら要注意です。

とくに、何も手につかなくなってしまうぐらいの感情にとらわれている場合は、ひとりで抱え込まないこと。放っておくとトラウマになってしまう可能性もあるので、心を許せる人に、「こういうことが嫌だった」「不快だった」といったことを聞いてもらいましょう。その当時の自分の気持ちを誰かにわかってもらうだけで、少しホッと心を落ち着けることができるはずです。

□いまもセクハラを受けているなら、「NO」の意思表示を

セクハラしてくる相手と、実際にまだ顔をあわせなければいけない場合はどのように対応すればいいでしょうか。

《直接言えそうな場合》

「それって、いま話題になっているセクハラになっちゃうんですよ」と率直に言ってみましょう。大切なのは、意思表示をすること。ただ、突然感情的になると、「ヒステリックな人」と認識されてしまうおそれもあるため、つらいかもしれませんができるだけ明るめのトーンで、まずは重くならない程度がいいでしょう。

《直接言えない場合》

もっと上の上司か、頼れる先輩に相談してください。

「こういうことがあって、とても不快です。私が言うと角が立ってしまうので、どうしたらいいでしょう？」と伝えましょう。そのとき「こんな言葉を言われた」「いつ、こんなタイミングでお尻を触られた」「肩を抱かれた」というように、実際に

されたことを具体的に話すとあなたの気持ちや深刻さが伝わりやすくなります。

怒りが恨みに変わって仕事に集中できなくなったり、異性が怖くなってしまったら、これは専門のカウンセラーに頼らなければいけなくなります。大切なのは、まず自身の心をどうしたら癒せるかを考えることです。怒りをため込んで爆発してしまう前に、自分の気持ちを吐き出して。そのとき、まずは「NO」の意思表示をすること。また、信頼できる人の手を借りることをいとわないでくださいね。

したことは必ず返ってきます。セクハラした相手はどこかで反省しなければならないタイミングがくるでしょう。

これからの自分の幸せのために、できることへ意識を向けてくださいね。

まとめポイント

抱え込まず、信頼できる人に自分の気持ちを話して、心を癒しましょう

ケース
13

上司のパワハラを思い出すたびに復讐したいと考えてしまいます…

怒り度数

上司から「仕事ができない」と日々言葉で詰め寄られたことで、パワハラ認定を受けて部署異動しました。でも、その上司を社内で見かけたり、書類で名前を見つけたりするだけで、当時の感情がよみがえってきます。ひどいことをされた怒りが込み上げて、どうやって復讐をしようかと考えてしまうんです…。（会社員B男・30代）

復讐しても怒りは消えないことに気づきましょう

□強い怒りは理想の未来を見失わせてしまう

かなりひどい仕打ちを受けると、怒りに支配されて毎日がつらくなってしまいますね…。これほどの怒りにとらわれると、とても平常心ではいられなくなってしまうものです。仕返ししたいほどの怒りがわいてくるときには、まず「復讐することで、パワハラされたときの怒りがすべて解消されるのか？」を考えてみましょう。復讐しても怒りが解消されないということに、気づく必要があるのです。

たとえば、「相手に暴力を振るったり、仕事の足を引っ張る行為をして復讐をしたら満たされるのか？　スッキリするのか？」と、復讐をしたあとを想像してみてください。今回のようなケースでは、復讐することで、周りにいる大切な人たちがどうなってしまうのかを考えるのがいいでしょう。

・復讐をしたことで「あんなことをした人」と会社で信頼を失うかもしれない
・そのせいでパートナーや子どもを悲しませてしまうかもしれない

というように、復讐をすることでどんな影響があるのかを考えるのです。

そうすると、復讐することが、いかにあとあとの自分に悪影響を与えてしまうかがわかります。「いまの幸せが台無しになってしまうかもしれない」と気づくことで、怒りから我に返る人も多いのです。

これまでたくさんの方の相談を受けてきましたが、仕返ししたことで、スッキリして幸せになったという例を、私は一度も耳にしたことがありません。

怒りをため続けることで、精神に不調をきたしてしまう人もいます。そんな状況になってしまうと、残念ながら誰も幸せになれません。

□「過去の怒り」より「理想の未来」に目を向けて生きる

もしも「大切なパートナーと子どもとともに暮らす」という理想的な未来が、復讐することで台無しになったとしたら、「なぜこんなことに…」とまた新たな怒りがわいてくるでしょう。こうして怒りは繰り返され、延々と続いてしまうのです。
仕返しをしたくなるような人がいる場合は、まず、怒りから我に返ること。
すぐに怒りは消えなくても、その怒りにとらわれ続けるのではなく、自分が理想とする幸せな生活に意識を向けて、これからの未来を生きましょう。

もしも自分ではどうにもならない場合は、会社に産業医がいるのであれば、相談してみるのもおすすめですし、産業医がいない場合は、心理カウンセラーや心療内科の専門医に話を聞いてもらうことも有効です。いずれにしても、こういったケースのときには、ひとりで怒りをため込まないようにしたいですね。

まとめポイント

復讐心がわくほど怒りが強いときも、理想の未来に目を向けましょう

COLUMN
1

ネガティビティバイアス

ネガティブな感情を受けた記憶はより強く残る

人の脳は、ポジティブな記憶よりも、ネガティブな情報や経験、その感情を抱いたときの記憶のほうが強く残るそうです。過去に誰かに嫌なことを言われて不快に感じた、嘘をつかれて不信感を抱いた、馬鹿にされて恥ずかしい思いをした…といった記憶は、うれしい、楽しいというポジティブな感情を抱いたときの記憶よりも深く残っていませんか？

自分の身を危険から守り、リスクを避けるため、このような脳の機能が発達したといわれています。つまり、人が生き延びるためのしくみなのです。

怒りの記憶が長く残っても自分を責めない

「なんでこんなにしつこくイライラするのだろう」
「なぜ、ずっと怒りに引っ張られるのだろう。私がおかしいのかな…」

このように、過去の怒りを忘れられないという相談は、とても多く寄せられます。

しかし、怒りを感じたときの記憶を強く持ってしまうのは、脳のしくみが関係しているので仕方がないことなのです。いつまでも怒りを感じてしまったとしても、自分を責める必要はありません。むしろ責めることで、自分への怒りも記憶にプラスされてしまうほうがよくありません。

また、「これから先も同じようなネガティブなことが起こるに違いない」という思い込みを抱いてしまうことも避けたいですね。「以前、こんなことがあったけど、また起きるとは限らない」と思い直して、「ネガティブな感情がわいてきたな、脳のしくみだからかな…」と実況中継できるくらいに俯瞰してみましょう。しつこく残る怒りに振り回され、やるべきことが手につかない、集中できないといったことにならないようにしたいものです。

第2章

家族・身内編

いちばん身近な存在だけに、
家族は自分の気持ちを常に理解してくれるものと思いがち。
だからこそ、自分の怒りを見過ごされてしまうと、
心の中で長く尾を引いてしまうこともあるのです。

ケース14

子育てに口を出すお義母さんへの怒りをどうにかしたいです…

私たちの時代はね…
あら、そんなことも知らないの？
すみません…

40
怒り度数

自分の時代を引き合いに出し、わが家の子育ての方針に口を出してくる義母。言われることがだんだん苦痛になり、義実家への足も遠のき、義母からの電話にも出たくなくなってしまいました。「放っておいてほしい」というイライラする気持ちはどうしずめたらいいでしょうか？

（会社員N菜・30代）

「否定された」と、重く受けとらないようにしましょう

□つらいときは物理的に距離をとることがベスト

子育ての先輩として助かるアドバイスもあるものの、あれこれ口を出されると、うんざりすることのほうが多くなりますよね…。

お義母さんが子育てをしていた時代とは違うのに、「これが正しい」と押しつけられると、自分の子育てが否定されたように感じて怒りもわいてしまうでしょう。

ただ、お義母さんからすると、「孫がかわいい」という思いと、子育てをしてきた自分の経験から、よかれと思って言っていることが多く、あなたが怒りを感じていることにも気づいていない可能性があります。

この場合に避けたほうがいいのは、反射的に反応してしまうことです。

「また言われた」と感じると怒りは増幅しやすいので、ついイラッとした気持ちが顔に出てしまいます。

毎回我慢してストレスがたまると感じているなら、物理的に義実家へ行く頻度を少なくするのもひとつの手でしょう。

電話口で干渉するようなことを言われたときに備えて、電話を切るための切り返しパターンをいくつか用意しておくのもおすすめです。

たとえば、「あ、宅急便が」「〇〇（子どもの名前）が呼んでいるので」「友人が来ているので、長くお話しできないんです」、または「そういえば、〇〇（子どもの名前）が●●できるようになったんですよ。お義母さんに報告したくって」と話を変えてしまうのもいいでしょう。

□言いにくいことは口で言わずに、かわせる手段を用意しましょう

たとえば同居の場合、直接「子育て方針があわない」と言うと角が立つので夫を介して「いまは子育ての仕方が変わってきているんだ」と伝えてもらったり、自治体が発行する「祖父母手帳」などを取り寄せるのもおすすめです。「よりよい子どもを育てる環境をつくりましょう」というメッセージや、新しい情報を伝える祖父

母向けのマニュアルです。昔と現在の子育てでは、明確に異なることも多々あるので、自分の口であれこれ言わず、何かを渡すという手段をとるのも良好な関係をつくる秘訣です。

怒りをため込む人は、悩みをより深刻化させ、自分を被害者側に持っていってしまう傾向があります。頑なになればなるほど、解決はできなくなりますし、関係性も悪くなってしまうものです。

感情を直接相手にぶつけ返すのではなく、うまくかわせるようになることも大切なのです。

まとめポイント

怒りと距離を置く・かわす方法を身につけましょう

ケース
15

「まだ子どもができないの？」と義両親から言われ、引きずっています

怒り度数

なかなか子どもに恵まれず、悩んでいたときに、義両親に「子どもはまだできないの？」と言われました。こればかりは授かりものですし、子どもを持たなければダメだと言われたわけではありませんが、当時は責められているようにも感じ、傷つきました。義両親の言葉を一生忘れられそうにありません。

（会社員 E子・40代）

傷ついたとき、誰かを責めないようにしましょう

□自分の気持ちを抑え込まなくていい

孫の誕生を心待ちにしているご両親も多いかと思いますが、本来、子どもを持つか持たないかは、夫婦が話しあって決めること。自分の人生の選択のひとつです。ただ、義両親に「余計なことを言わないでください」と感情的に言ってしまうと、その後の関係がこじれてしまうので、避けたほうがいいでしょう。

そのうえで、「私はこの言葉に傷ついたんだ」ということは、抑え込まずに受けとめるようにしてください。そして「これ以上の傷にならないためにできることは？」と考えてみましょう。

たとえば、こんな方法が考えられます。

①いまさらそのことを話題にして、義両親に傷ついたことを言っても仕方がない。悪気なく言葉にする人もいるものだ。でも、これは夫婦の問題であって、私が悪

いわけではない」ととらえてみる。

②それができない場合、傷ついている気持ちや悲しかったこと、ショックだったということをパートナーに聞いてもらう。

③いまでも言われることがあって気になっており、ひと言伝えたいと思うなら、「子どものことは、私たちもいろいろと相談しています。授かるかどうかはどうにもできないところもあるので、ここは触れないでいただけますか」と、お願いするように言ってみる。

「これならできるかも」という対応策をとり、気持ちを抱え込んで自分を責めたり、義理の両親を責める気持ちでいっぱいになる事態を避けるようにしましょう。

□パートナーとよく話しあう

子どものことはとてもデリケートな問題です。夫婦でよく話しあい、自分がどんな気持ちなのか伝えましょう。

義両親に伝える場合、パートナーから言ったほうが角が立たないという場合は、言ってもらえるといいですね。たとえば、「子どもはどちらでもいいと思っているんだ」と、さらっと言ってくれると、救われるかもしれません。

両親側からすると、「息子夫婦がどう考えているのかがわからないから、言いたくなってしまう」という部分もあるのです。もし妊活などに取り組んでいることを知っているのに意見を言ってくるのだとしたら、両親側にデリカシーがなさすぎるかもしれません。

本当に嫌ならば、これ以上言われないために、「医師からは『ストレスが一番よくないから気楽に生活してね』と言われているので、少し見守ってくださいませんか」と、伝えてもいいでしょう。こういったときは、嘘も方便です。

まとめポイント

ひとりで抱え込まず、パートナーと話しあいながら対処していきましょう

ケース
16

両親から「お前はダメだ」と言われた記憶が消えません

子どもの頃に両親から言われた「だからお前はダメなんだ」という言葉をたびたび思い出しては、いまも怒りが消えません。兄弟や友人などといつも誰かと比べられて、「勉強ができない、かわいげもない、だからダメなんだ」と言われ続けたことで、いまだに自分のすべてを否定されているように感じます。

（会社員H世・20代）

怒り度数

ネガティブな思い込みを変えましょう

□親の言葉ではなく、自分の思い込みが原因のことも…

いくら親とはいえ、否定的なことやネガティブなことばかり言われると腹が立つものですよね。

「何をやらせても、いつも三日坊主で長続きしない」

「希望の大学なんて受かるはずがない」

そんなふうに言われて傷ついてしまうこともあるでしょう。

ただその一方で、親から言われた言葉をバネにして、そうではないことを証明しようと奮闘する人もいます。

言われたことを何年も引きずってしまうとき、もしかすると自分でも「その通りだな」と思ってしまっているところがあるのではないでしょうか？　親から言われて図星だと感じたところこそが、「自分にはできない」とあなた自身が気にしているということです。まずは、自分を否定するような思い込みを変えてみましょう。

「よい出し」

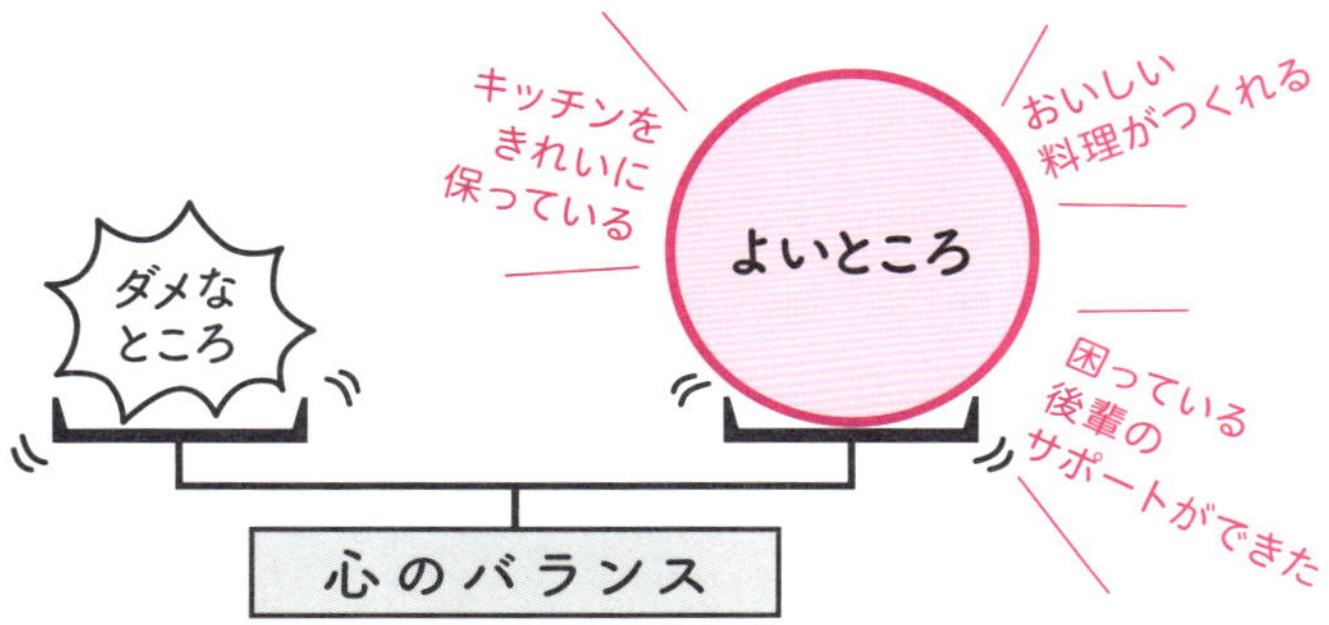
ダメなところ
キッチンをきれいに保っている
よいところ
おいしい料理がつくれる
困っている後輩のサポートができた
心のバランス

□「よい出し」をしよう

「よい出し」という言葉を聞いたことはありますか？

「私にも、できていることはたくさんある」と自覚し、自分で自分のよいところを出していくことです。〝お料理が上手〟〝早起きができる〟〝同じ趣味を3年続けている〟など、小さなことでかまいません。ダメ出しの反対をしてください。

人は不完全なところ、できていないところに、どうしても目を向けてしまいがちです。その分、意識的に「よい出し」をしたほうが、心のバランスがとれるようになります。「よい出し」をして、自分ができている事実を並べるだけでも、「あ、ダメじゃなかったんだ」

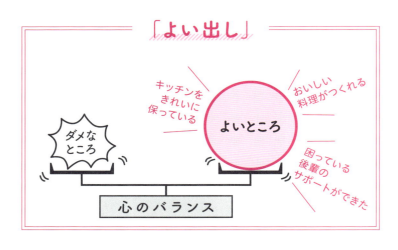

と実感できるはずです。

親にかつて言われたひと言をとても引きずっている場合、指摘されたことに対して、クリアできたことやいま現在がんばっていることに目を向けて、書き出してみるのもおすすめです。

「親に言われたから、自分のすべてがダメ」というわけではありません。気にしていると、余計にいつまでもとらわれてしまいます。冷静に振り返ってみて「思い込みだったんだ」と気づけることで、自然とネガティブな気持ちも薄れていくでしょう。

怒りにとらわれ続けるかどうかは、自分次第なのです。

まとめポイント

「自分はダメだ」という思い込みは、「よい出し」で変えていきましょう

ケース
17

親のせいで希望の進路を選べなかったことを恨んでいます

△△高校にしなさい
○○高校に行きたいのに…
あなたのためよ

80
怒り度数

学校や就職の進路を決める際に、親が常に口を出してきたため、自分の希望をあきらめることになりました。人生のいろいろな場面で「うまくいかない」と感じるたびに、「あのとき自分の思う通りにできていたら、こうなっていなかったんじゃないか」と、いまでも怒りがわいてきます。

（主婦R子・20代）

変えられない過去にとらわれていませんか？

□親のせいにしていても、何も変われない

親が学校の進路、就職先に口を出すという話は、よく耳にします。子どもの将来が心配で、「苦労はさせたくない」「こうあってほしい」といった思いから、何かと干渉する親も多いです。いつまでも子離れできず、結婚相手にまで口を出すというケースもあります。

自らの望みを抑えて親の希望通りの進路を選んだにもかかわらず、うまくいかずに幸せな人生を歩めていないのであれば、子どもが怒りの感情にさいなまれるのも無理はありません。

「親のせいで…」とたびたびわき上がる怒りに苦しくなってしまうでしょうが、残念ながら恨み続けるだけでは過去を変えることはできません。

□自分で「人生を選択していく」と決めましょう

「いままで親に反対されてきたせいで…」

「これからも親が反対するから、私の人生がうまくいかない」

と決めつけるのは、あまり建設的ではありません。

人生は自分で決めるものです。

親の扶養のもとで、人間としてもまだ成長途中である子ども時代は、親に口を出されても仕方のない面もあったかもしれません。

しかし、大人になった今後の人生においては、自分自身で選択すると決めましょう。これから先いつまでも「親が反対したから…」という過去を持ち出すことは、自分で決断しないことへの言い訳にもなってしまいます。

過去は過去。いま、ここから先の未来では、親が口出しをしてきたとしても「私は〇〇したい」ときっぱり口に出すようにしましょう。

そのトレーニングの第一歩として、たとえば友人とのやりとりでも「私は〇〇したい」「〇〇する」と自分の意思決定を言葉にしてみましょう。たとえば食事に行き、何を食べるのか決めるときに「私はこれが食べたい」「こっちがいい」と宣言するところからはじめてみるといいですよ。自分で決めて、実際に動いていくことが、自分で選択する練習になるのです。

また、ぜひ過去の進路の「よかったこと」にも、目を向けてみましょう。親が勧めた選択で歩んだ進路でも、その中で役立つ経験、学び、出会えてよかった人たちもいるのではないでしょうか。何もかもすべてが悪かったわけではないはずです。

「人は誰もが、自分の人生の主人公」という言葉があります。

どんな人生を生きるかは、自分次第です。

逆に怒りをバネに、今後は自分の人生を歩みませんか？

まとめポイント

親に言われた人生でなく、胸を張って自分の人生を生きましょう

ケース
18

幼少期に受けた親からの仕打ちをいまだに許せません…

親がいわゆる〝毒親〟で、幼少期にされた仕打ちを、いまでも許せず恨んでいます。傷ついたこと、悲しかったことが忘れられず、70代になった母が病室でこの世を去るときに、耳元で「あなたを許さない。ラクな気持ちでは死なせない」とつぶやいてしまいました。母が亡くなったいまも思い出すたびにつらいです。（主婦M美・50代）

身内を恨むより、幸せな未来を想像しましょう

□怒りと恨みは違うもの

長い間引きずる怒りは、身内に対してのものが多い傾向にあります。親子間の場合はとくに、「親は自分を愛してくれるはずなのに、なぜこんな仕打ちを受けなければならないの？」という気持ちが生まれやすくなるからです。

ここでとても大切なことは、「怒り」を「恨み」にしないこと。

斎藤学《さとる》先生の著書『すべての罪悪感は無用です』（扶桑社）に「怒りと恨みは違う。怒りは生理的なもの、恨みは病理的なもの。恨みは相手の破壊を求めるもの。恨みは持続してその人の生活全体を支配するもの」という一節があります。

このように、怒りが恨みの感情にまで達すると、「相手に対して復讐したい」「ダメージを与えたい」という衝動が生まれてしまうのです。

もしも、いま恨みを抱えている人は、「将来、恨みを晴らしたとして、自分の心

は本当にスッキリするだろうか」と想像してみてください。

「傷ついた」「悲しかった」という幼少期の気持ちを両親に伝えられるのであれば、そうするのも選択のひとつです。

「いまさらどうにもならない」と判断するなら、親への怒りに振り回されない自分の未来を、もう一度想像してみてください。どうすれば後悔しないか、どうしたほうが幸せなのかという視点で考えましょう。

□本当に自分が幸せな状態を想像する

長年の怒りはしつこいので、怒りがわくたびに、「私が目指す自分の将来は、この恨みを抱えながら生きていくことではないんだ。自分はとても幸せで、安心した生活を送ることができる」という理想の自分を、何度も頭の中でイメージしましょう。

そのとき、自分がどのような表情で、どのような気持ちで、どのようなことをしているのか、6章でご紹介する「ミラクルデイエクササイズ」（186ページ）を参考に取り組んでみてください。

理想のイメージが定着するまで、何度もおこなってみましょう。

また、親が近くにいて気になるのなら、一定の距離をとることもおすすめです。

どうしても自分だけで解決できないときは、専門家に頼ることも選択肢に入れておきます。その際、カウンセリングなどは一回きりで終わるのではなく、何回も受けるものと思っておきましょう。

怒りを恨みにしないように、上手に「怒りを成仏させる」ことができるといいですね。

まとめポイント

恨みまで感じるときは、怒りを抱えない理想の自分を想像しましょう

COLUMN

2

自律神経とイライラの関係

良質な睡眠がイライラ解消のカギ

睡眠不足の人の中には、「すぐイライラしてしまう」と感じている人がとても多くいます。睡眠時間が短いと、自律神経のバランスが乱れ、怒りの感情を大きくするアドレナリンが分泌されます。そうすると、感情のコントロールが効かなくなったり、イライラしがちになってしまうのです。

まずは、睡眠時間をたっぷりとりましょう。副交感神経の働きを高め、自律神経のバランスがとれるようになると、気持ちも落ち着いていきます。加えて、ゆっくりとした深呼吸（副交感神経の働きが高まるといわれています）、日中に 15 ～ 20 分くらいの仮眠、ストレッチなども、自律神経のバランスを整える効果があります。

また、朝のうちに日光を浴びると、ストレス解消に効果的といわれる脳内物質のセロトニンが分泌されやすくなります。

忙しいときほど、時間を区切って思い切って寝てしまいましょう。生活リズムを整えることは、思っている以上に重要です。

Episode

インターバルを活用してイライラを改善

ある男性は、ワーカーホリックで、土日も資料を持ち帰って仕事をしているような人でした。そこで、「10 ～ 15 分のインターバル（隙間時間）を設けて、仮眠をとったり、好きな音楽を聞いてください」と、アドバイスをしました。すると、1ヵ月後には「ずいぶんと気持ちが落ち着き、イライラが改善された」と、とてもうれしそうに報告してくれました。生活習慣を整えることは、心身ともに非常に大切なことなのです。イライラしがちな人はぜひお試しを。

第3章

パートナー編

お互いを大切に思いあっているはずの
夫婦や恋人同士でも、ときには腹が立ったり衝突したり…。
仲直りしたはずなのに
「あのときの怒りの気持ちがなかなか消えない」
と悩む人も少なくないようです。

ケース
19

自分の親を悪く言われたことを忘れられません

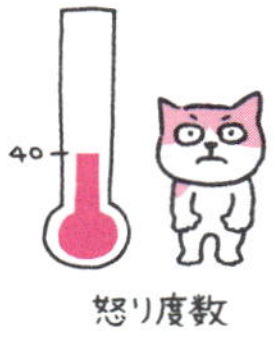

パートナーに「君のお母さんって家事もできないんだね」と言われたことにひどく腹が立ちました。自分のことならともかく、親のことを悪く言われるのは許せません。いまだにパートナーのその無神経な発言を忘れることができずにいます。

（会社員Y子・40代）

悪気がない人もいるので、気持ちを伝えてみましょう

□身内の悪口は、根深い怒りにつながりやすい…

自分の親や身内を悪く言われると、まるで自分のことを悪く言われたような気持ちになる人も多いと思います。言われた内容にはもちろん、その行為に対しても、いつまでも怒りが残りやすいという特徴があります。

ただ、中には悪口を言っているつもりはなく、パートナーや友人といった身近な相手だからこそ何気なく思ったままを言ってしまったという場合もあります。いずれにしても、相手に対して「そんなことを言わないでほしい」と伝えられるといいですね。

□伝えるときは事実ベースで伝える

伝えるときの注意点としては、「この言葉に傷ついたんだ」「こういうことをされたことが気になっているんだ」と具体的な事実を中心に伝えること。そうすること

で、相手との認識のズレを防ぐことができます。

×「人の親のことを悪く言うなんて許せない！　だいたいあなたの親だって…」
↓どんどん感情的になってしまううえ、相手の親のことも悪く言いはじめると、ケンカになってしまいます。これは注意したいですね。

◎「私の親のことを家事ができないと言ったことがあるけど、ショックだったんだ。私にとっては大切な親（存在）だし、そう言われると何だか自分が否定されているようにも感じてしまうから、今後は言わないでほしい」

言い方によっては、「悪くなんて言ってない！」と逆に相手が責められたように感じたり、「悪くなんて言ってないよ、本当のことだし」と開き直る人もいるかもしれません。

なるべく冷静に、事実ベースで伝えることを意識してくださいね。
「言わないでほしい、傷ついた」ということを言える相手なら、言ってしまったほうがいいですし、言ってもどうしようもない相手、かかわることで余計に傷つく相手なら、言わないという選択肢もあります。

もしも言わなくてもいいと判断するなら、「そんな人のことで悶々としてもしょうがない」と割り切りましょう（割り切り方については28ページも参考にしてください）。親の悪口も、あくまでも言った人の主観です。世の中には何を言うと人が傷つくのかがわからない人もいるものです。

「人間は誰しも完璧ではない、私の親も完璧ではないけれど、私にとっては唯一無二の存在なのだ」と、親を思う自分の気持ちを、大切にしてくださいね。

まとめポイント

自分の気持ちを冷静に事実ベースで伝えてみましょう

ケース 20

夫婦ゲンカのたびに思い出す妻の言葉に余計に腹が立ちます

たいした仕事もしてないくせに!
いつだってお前は…

40
怒り度数

夫婦ゲンカのときに、「たいした仕事もしていないくせに」と妻から言われたことがあります。「そんな言い方をしなくてもいいのに」と、あとになってから傷ついた自分に気づきました。いまでもケンカになるとそのときの怒りがよみがえり、感情的になってさらに言い争ってしまうという悪循環を繰り返しています…。

（会社員S太・40代）

何にどう傷ついたのかを相手に伝えましょう

□自分の気持ちを添えて伝える

「夫婦ゲンカで言われた言葉がずっと心に刺さっている」という悩みは少なくありません。今回のケースの場合、普段の生活では悶々とした怒りまでは感じないものの、ケンカになると当時の怒りがよみがえってくるそうです。

怒りが再燃したときは、ケンカというシチュエーションではなく、落ち着いて話せるタイミングで話しあうことが重要です。

ただし、冷静になろうとして「こんなことを言ったら、相手がどう思うかわかる?」ととがめる言い方はしないようにしてください。相手が責められていると感じてしまうことがあるからです。

「仕事をがんばっているので、そうは言わないでほしかった」

ということと、言われてどんな気持ちになったかという自分の気持ちを添えて伝えるようにしましょう。

×「なんでそんな言い方をするんだ！」
◎「一生懸命仕事をしているのにそんなことを言われて、悲しかったし、悔しい思いをしたんだ」
◎「ちょっと前のことで申し訳ないけど、こういうふうに言われたことがずっと気になって引っかかってしまっているんだ。たびたび思い出すくらい悲しかったから、もう言わないでほしいんだ」

このように、自分の思いを伝えることが大切です。

とくに男性の場合、自分の感情に気づきにくく、気持ちを伝え慣れていない人が多い傾向にあります。事前に考えをまとめておくようにしてみてはいかがでしょう。

□話しあう前に気持ちを書き出してみる

人は、一緒に仕事をしている人や友人などには理性が働き、「言葉を選ぶ」という配慮をします。しかし、身内にはなかなかそれができません。

伝えるときには、「今後、一緒に過ごしていくために大切なことだから」という視点を持ってのぞみましょう。

「いままで伝えてこなかった話を、身内にあらたまって伝えるのは苦手」という人は多いかもしれません。うまく言える自信がないときは、話しあう前に、わかってほしいことや自分の感情を書き出して、気持ちの整理をしておきましょう。感情がともなうと、とっさには言葉にしづらいものです。ひとりのときに書き出してみて、確認し、整理するのがおすすめです。

その当時を思い出すと、「悲しい、悔しい、困惑した、不安を感じた、寂しい…」など、いろいろな気持ちがわいてくるはずです。負の感情をそのままにせず、言葉にするクセをつけると、心の内側がスッキリしていきますよ。

まとめポイント

慣れないうちは気持ちを書き出して整理する練習をしてみましょう

ケース
21

容姿について比べられたことが忘れられません

学生の頃は太っていたため、よく友人と容姿を比べられて、「顔が大きいよね」などと傷つくことを言われました。いまでも、ほかの女性の容姿の話をされると、当時のことを思い出し、比較されているような気持ちになります。また、容姿の話を平気でする相手のデリカシーのなさにも腹が立ちます。

（会社員T子・20代）

怒り度数

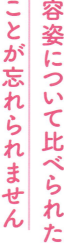

まずは、傷ついた自分の気持ちを受けとめましょう

□容姿の好みは人によって違うので、言葉にすることも必要

「足が太い」「胸が小さい」「背が低い」「太っている」…というように、自分の容姿を気にしている人はたくさんいます。

遠い存在の、容姿端麗な芸能人と比べられたら仕方がないと割り切れても、友人や兄弟姉妹など身近な人と比べられるのは、つらいものです。とても傷つきますよね。しかし、言った人は相手を傷つけていることに気づいていないケースも往々にしてあります。

そんなときには、まずは「自分はこういうことに傷ついたんだ」という気持ちに気づき、受けとめましょう。ずっと引っかかっているなら、言葉にして相手に伝えてみることも大切です。

「それはけっこう気にしていることだから、キツイなぁ」

「それはちょっと厳しいコメントだし、傷つくなぁ」

一度言葉にしてみると、次にまた同じようなことを言われたシチュエーションでは、明るく返せるようになるかもしれません。

□伝えるときは「比べられたこと」にフォーカスする

容姿は、大なり小なり誰でも気にしているところがあるはずです。

ただ、あとからやっぱり伝えたいと思った場合、自分からはなかなか言い出しにくいものでしょう。そんなときは、「比べられた」という点に注目して伝えてみてください。

◎「できれば、妹とは比べないでほしいな」

◎「〇〇さんと比べられると気にしてしまうんだ」

言える相手になら、その流れで、自分の容姿についてコンプレックスがあるということを伝えてみてもいいでしょう。

人によっては、「太っている」と言われたことをきっかけに「やせてやる!」と奮起して一生懸命ダイエットする人もいるでしょう。じつは、私自身も学生時代に「背が低い」と言われて気にしていました。そこでカルシウムを摂ったり、「キレイな立ち方、身のこなし、歩き方で背の低さをカバーできるかもしれない」とウォーキングのトレーニングをしたりしました。そのおかげでいまでも「姿勢がいい」と言われます。

容姿というのは、よくも悪くもずっとつきあっていかざるを得ないものです。人から容姿について言われた怒りをバネにして、コンプレックスを克服する原動力に変えてみるのもいいかもしれません。傷ついた思いをため込まず、気持ちを伝えるようにしましょう。

まとめポイント

言われたことを原動力にしつつ、嫌なことは言葉で伝えてみましょう

ケース22

過去の感情を理解してくれない相手との未来が見えません…

ショックだったり、悲しかったりと私が過去に嫌な思いをしたことに対して、パートナーがきちんとわかってくれていないと感じています。気持ちをわかってもらえないと、ネガティブな感情をいつまでもどうすることもできず、彼との将来も、考えられなくなってしまいました…。

（会社員K子・30代）

怒り度数

ネガティブな感情にも一緒に向きあうことが必要です

☐ともに未来を歩む相手とは、逃げずにすりあわせをする

ある臨床心理士の方から「過去に嫌な思いをして、ネガティブな感情を抱いた相手とは、折り合いがつかないかぎり、未来をともに歩むことは考えられない」という話を聞きました。

「ショックだった」
「悲しかった」
という気持ちが相手にきちんと伝わっておらず、すりあわせもできていないと、その人との未来を一歩踏み出すのが難しくなるというのです。たしかにこれはとても重要な視点です。

これからの人生を一緒に歩もうと思う人であれば、過去に嫌な思いをした出来事

に対して、

「あのとき、こういう思いをしたんだよ」

「嫌な思いをしたことがずっと心に残っているんだよ」

と伝え、具体的に何が嫌だったのか、さらにどうしてほしかったのかをわかってもらうことが重要です。

「察してほしい」「言わなくてもわかるはず」と思うかもしれませんが、身近な相手でも言葉にしないと伝わらないことはたくさんあります。

□きちんと耳を傾けてくれる相手かどうか

一方、嫌な思いをさせた側の人は、

「いつまで昔のことを蒸し返すんだよ」

と思うかもしれませんが、耳を傾けてあげること、嫌な思いをしたパートナーに気持ちを向けてあげることが大切なのです。

結局、相手に対して抱いたネガティブな感情にケリがついていなければ、未来を考えることはできません。

「傾聴は最大の愛情表現」といわれています。

「大好きだよ」と伝えることも大事なことではありますが、相手の話に共感し、耳を傾けるということも関係性を築くうえでとても重要です。

今後も関係を続けたい相手であれば、ネガティブな感情を抱いたことにも折り合いをつける必要があります。

絆を深めていきたいと思う相手なら、なおさら互いの思いをすりあわせる時間をとってみてください。しっかりと向きあうことでしか、関係性を深めることはできないのです。

まとめポイント

相手と今後も関係を続けたいなら、逃げずに気持ちを共有しましょう

ケース
23

SNSのメッセージ一通で別れを切り出されました

真剣におつきあいをしていたのに、突然SNSのメッセージ一通で別れを切り出され、そのまま音信不通になってしまいました。一方的な別れ方にも、音信不通になったことにも納得できず、いまだに相手のことが許せません。誠意を感じられない態度に、いろいろな怒りがわいてしまいます。

（会社員M奈・20代）

怒り度数

「悶々とするのはもったいない!」と見限りましょう

□「かかわる必要のなかった人だった」と割り切る

真剣なおつきあいをしていたからこそ、いろいろな怒りが上乗せされ、許せないという気持ちが募るのもわかります。

ただ、そんな誠意のない相手のために、許せない気持ちで悶々とするなんて、時間がもったいないと思いませんか?

そもそも、男女間でのおつきあいの仕方、お別れの仕方については、人それぞれ価値観が異なるものです。こちらは真剣に誠意を尽くしていたつもりでも、相手も同じような形で誠意を見せてくれるとは限らないもの…。ですから、音信不通になっている人に対して、「追いかける」という選択は、ないと思ったほうがいいでしょう。振られた、切られたと思わずに、

「私がつきあう必要のなかった人だ」

と、気持ちの上書きをしてください。

今後どうかかわるかということは考えずに、
「そういう人なら、こっちからお払い箱にしてやる」
「そんな失礼な人は、私がかかわる必要のない人だ」
というくらいの気持ちで、割り切るようにしましょう。

□人間関係を見直し、断捨離してみる

もし、名前を見たり、やりとりした記録が残っていて、目に入ることでイライラするのであれば、電話番号やSNSのアカウントなどの連絡先や履歴をすべてデリートしたり、写真や思い出の品などは思い切って処分してしまうという方法もあります。

こういう人と長く一緒にいても、意味はありません。

別れることなくその後も長い時間をともにしていたら、あとあともっと傷ついてつらい思いをしていたはずです。

そんな人を思い出す時間さえ、もったいないと思いませんか？

不誠実な相手に固執するよりも、その人を反面教師にして、新しい未来に向かって新たなおつきあいをはじめるほうが、よほど建設的で、幸せになることができます。

いい機会と思い、ここでいっそのこと、人間関係の断捨離をするのもおすすめです。気の進まないまま、しがらみや惰性でおつきあいをしてきた人との関係を見直してみるのです。ショックな気持ちはすぐには消えないかもしれませんが、どんな経験も無駄にはならないものです。こだわる必要のない縁を手放したら、新たなよい縁が舞い込んでくることだってあります。

いつまでも引きずらず、未来に向かって進みましょう。

まとめポイント

誠意のない人に時間を使うより、新しい縁に目を向けましょう

ケース
24

妊娠中や出産時の夫の言動が何年経っても許せません…

怒り度数

子どもが少し大きくなったいまも、つわりがひどいときに、夫から「つわりは病気じゃない」と言われたことや、出産に立ち会うと約束したのに飲み歩いていたことを、つい昨日の出来事のように思い出します。当時のことが頭に浮かんできて、いまでもことあるごとに夫に感情をぶつけてしまいます…。

（専業主婦F恵・30代）

相手にわかってもらえる伝え方に変えましょう

□「出産」は、夫婦間ですれ違いが起こりやすい

出産は女性にとって命がけです。とくにはじめての出産は不安だらけ。ですから、なおさら出産に関する怒りは長年色褪せず、当時の怒りを鮮明に記憶したままの人も少なくありません。

そんな中で、自分が抱えてきた気持ちを夫に理解してもらえず軽く流されてしまうと、さらに怒りが込み上げてくるものです。一度口に出してしまうと、いろいろなことが思い出され、怒りが雪だるまのように大きくなっていってしまうでしょう。

一方、夫側からすると、昔のことからいまのことまで、一度にたくさんの文句を言われるので、妻の真意がわかりません。

このようなズレが起こるため、本来わかってほしかったことが夫に伝わらず、「しつこいなぁ」と思われて終わってしまうという悪循環が起こるのです。

□何に怒り、傷ついたか気持ちを冷静に伝える

ではどうすればいいでしょうか？　言い方のポイントは、根に持っている怒りを「感情的にぶつける」のではなく、「落ち着いて説明する」ことです。

×「だいたいあなたは子育てに協力的でないのよね、そういえば出産にも立ち会わなかったし、つわりがひどい私に…」

↓これでは、責めるように聞こえるうえ、夫にしてみれば「そんな昔のことまで持ち出して何を言ってるんだ！　いったいどうすればいいんだ!?」となってしまうので逆効果です。

◎「前の話だけど、私にとってはいまでも引っかかっていることがあるの。妊娠して、つわりがとてもつらかったときの言葉。出産って命がけのことだし、不安いっぱいのときだったから、すごく悲しかったんだ。その気持ちだけわかってもらえればと思って」

このように、まず落ち着いて話せる場をつくって「聞いてほしいことがあるんだ」と、冷静に伝えましょう。たとえば、食事を終えてゆっくりしているときや、夜寝る前のリラックスしているとき、休日の子どもがいない二人きりのときなどがいいかもしれませんね。

長年連れ添ったパートナーだとしても、お詫びや反省などの場面で、自分の望む通りの反応が返ってこない場合もあります。

そのため、「出産に立ち会ってもらえなくてショックだった」「心細かった」「寂しかった」といった自分の思いを伝えて、その気持ちをわかってもらうことをゴールにするのもおすすめです。

まとめポイント

相手に気持ちをわかってもらえるよう冷静に伝えましょう

ケース
25

過去に浮気されたことをいまも許せないでいます

何年も前ですが、パートナーに浮気されました。裏切られたショックで不信感にさいなまれ、深く傷つきました。当時のことを思い出すたびに「許せない」と怒りが込み上げてきます。いまでも、パートナーとケンカをするたびに、浮気された過去と当時の感情を思い出してぶつけてしまうのもつらいです…。

（会社員A美・40代）

怒り度数

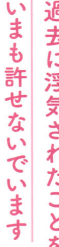

続けたい？　別れたい？　これからどうしたいですか？

□未来のために折り合いをつけていく

信じていたパートナーに浮気をされたら、心穏やかではいられませんよね。昔のことであってもなかなか忘れられるものではありません。ケンカや嫌なことがあるたびに思い出して、怒りを繰り返すのもつらいものです。

そうならないために、まず、これからの未来をどうしたいかを考えてみてください。今後もそのパートナーと人生をともに歩んでいきたいと願うなら、未来のために水に流すのもひとつです。「水に流す」という言葉通り、過ぎ去ったことをとがめずに、リセットするのがいいでしょう。

一方、うまく水に流せずに、怒りを悶々と抱えてしまっている人は、どうしたらいいのでしょうか。

気持ちを伝えたり、何かをしてもらうことで、気持ちがスッキリするということもあります。たとえば、次のようなことで気が晴れたという人もいます。

・責めるのではなく、気持ちを伝える
・「二度としない」という約束をしてもらう
・1週間家事をしてもらう
・ほしかったものを買ってもらう

このように、気持ちを伝えたり、何かをしてもらったりして、自分の中でどこかで折り合いをつけることも、今後のためには大切です。

□伝えるときは、責めずに自分の気持ちを伝える

相手に気持ちを伝えることを選択した場合、つい責めるような言い方をしてしまっていませんか？　気持ちはわかりますが、言い方を間違えると、「だってしょうがないじゃないか」「そんな過ぎたことを責めるなよ」と、相手の言い訳や、逆ギレを引き起こしかねません。

気持ちを伝えるときには、

・「信じていたあなたに裏切られたことがとてもつらかったことをわかってほしい」

・「今後も一緒に過ごしていきたいし、これからも結婚生活を歩んでいきたいから、これはやめてほしい。私の気持ちをわかってほしい」
と自分の内側にある未消化な気持ちを正直に話して知ってもらい、今後はしないでほしいと伝えましょう。


未来を見据えて「こうしてほしい」という言い方をすることがポイントです。

そして、一度言ったら、それ以上は何度も言わないことも大切です。

もちろん、「浮気は許せない」と思っているのなら、別れるという選択もあるでしょう。もし何も言わないという選択をするのなら、そう決めた自分の判断に責任を持ちましょう。

つらい思いをしたからこそ、後悔しない未来を歩みたいですね。

まとめポイント

未来のために、本音にしたがい折り合いをつけていきましょう

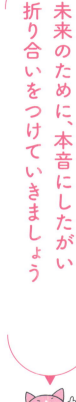

COLUMN 3

健康的なストレス発散方法

依存性の高い行為はNG

ストレス発散にもいろいろなものがありますが、じつは効果がある方法とそうではないものがあることをご存知ですか？　米国心理学会が発表したデータによると、やけ食い、やけ酒、タバコ、ギャンブル、インターネットサーフィン（2時間以上）、浪費するだけの買い物…といった行為は、依存性が高く、ストレス発散には適していないことがわかっています。

イライラするからといってこれらのことに没頭していると、食べたり、飲んだり、賭け事へ投じたりするお金が増えるだけで、ストレスは解消されません。

「セロトニン」で怒りにくい体質に

ストレスがたまっていると感じたら、セロトニンという精神を安定させてくれる脳内物質を分泌させることも効果的です。

そのためには、有酸素運動が効果的です。20～30分間、汗をかく程度の運動をおこないましょう。ウォーキング、ストレッチ、ヨガ、水泳などがおすすめです。また、マインドフルネスや瞑想も、ストレス軽減に有効です。

このように、積極的にセロトニンの分泌を促すことで心を安らかな状態に保てるようになり、怒りにくい体質づくりにつながります。

また「これに没頭している時間が楽しい！」と思える趣味の時間をつくるのもよいとされています。好きな映画を観る、好きな本を読む、ゴルフの打ちっぱなしへ行く、旅先の温泉でゆっくりする…など、自分でいろいろなストレス発散方法を持っておけるといいですね。

ストレスをためにくい習慣を持つことで、怒りに振り回されない自分をつくっていきましょう。

第4章

友人編

幼馴染みからママ友にいたるまで、
その時代をともに過ごす仲間とはいい関係でいたいもの。
でも相手の言動が心に引っかかったり、
微妙な距離感だから言いたいことを飲み込んだり…
あとから怒りがわいた経験、ありませんか？

ケース
26

貸したお金が返ってきません…
連絡すらないことにもモヤモヤ

わりィー!
必ず返すからサ
連絡もつかない…

友人にお金を貸したけれど、まったく返ってこないし、「返済が遅れる」の連絡もありません。貸す時点であげたつもりではいたけれど、心のどこかで引っかかっていて、怒りというのか、後悔というのか、よくわからない気持ちが残っています。こういう感情は、どうやって解消したらいいのでしょうか…。

（会社員N男・30代）

30
怒り度数

冷静に「待っている」ことを伝えましょう

□後悔するならお金は貸さない

「あげたつもり」と思っていても、お金に関することは神経質になりがち。さらに何の連絡もないと、ふつふつと怒りがわいてきてしまうものです。

「貸したお金は戻ってこないもの」と、自分で判断したうえで貸しているからには、どこかで踏ん切りをつけなくてはいけません。

お金を貸したことへの感謝やその後の連絡が何もないところに怒りを感じているのなら、その点にフォーカスして連絡をとってみるのも、ひとつの方法です。

中には、お金の話を伝えるのが苦手という人や、「がめつい」「ケチ」と思われたくない、という人もいるかもしれません。しかし、お金の話をすることは、とても大切なことです。ストレートにお金の話題を出さなくとも、

「そのあと何も連絡がないから気になったんだけど、どうなった？」

「そのあとの報告くらいは、してほしかったな」

と伝えるのもよいでしょう。

もし、「いつかはお金を返してほしい」という思いがあるなら、「いまは大変だろうけど、余裕ができたら返してくれるとありがたいな」と伝えてもいいでしょう。ただ、相手の態度がよくないと、「私がお金を貸してあげたのに！」と感情的になってしまいがちなので、伝え方には注意が必要です。

また、「こんな人にお金を貸さなければよかった…」と痛感したのなら、今後は友人にはお金を貸さないようにしましょう。

お金が絡むことで、いままでの友人関係がぎくしゃくしたり、相手を信用できなくなったりするかもしれないリスクがあることを忘れずにいてくださいね。

□お金を貸すときは慎重に

人にお金を貸す行為自体、よほどのことでない限りはしないようにしましょう。

「この額なら戻ってこなくてもいい」という金額だったり、「この人にならしょうがない」と思える相手の場合ならいいのですが、割り切れない思いを抱くぐらいなら、貸すこと自体をやめたほうがいいでしょう。

多くの場合、あとから蒸し返して取り戻そうとしてもうまくいきません。「あれから入金がないよね」『ちょっと大変で』「そうなんだ…」こんなやりとりに気をとられて、連絡するたびにがっかりする気持ちが募ったり、新たな怒りが生まれることもあるのです。

「自分の勉強代にしよう。その分稼げばいい」と思うほうが、お金の催促をするより気持ちがラクになるはずです。いつまでも固執しないようにしましょう。

まとめポイント

貸したお金はあげたもの。「勉強代」と、割り切りましょう

ケース
27

「おごってもらって当然」な態度の友人にイライラします

7,680円になります
いえいえ
ごちそうさまです!
おいしかった〜

40
怒り度数

おごってもらうのがあたりまえとばかりにお財布を出す気のない友人を見ると、「せめてひと言『ごちそうさま』とお礼を言うのがマナーでしょう」と、腹が立ちます。

相手が「年上だから」「立場が上だから」「男性だから」と勝手な理由をつけて、「おごってもらうのが当然」という態度の人も許せません…。

（会社員H奈・30代）

自分の「べき」を見直してみましょう

□人や世代によって、みんな違う「べき」を持っている

おごろうと思う場面は、人それぞれ違います。

「お世話になったお礼だから」「臨時収入が入ったから」「今日は私の都合で来てもらったから」など、理由もさまざまです。

そして、おごることに対して、自分なりの「べき」を持っている人もいます。

じつは、私も20代の頃に、年上の女性にごちそうしていただく機会があり、そのたびに「いいの、いいの。その分あなたの年齢が高くなったときに、下の人に返してあげて」とずっと言われてきていたので、「年下の子に払わせるべきではない」という思いが染みついていました。

しかし、すべての人が同じ思いでいるとは限りません。

人や世代によって「べき」はみんな違う

（例）人と会食した際のお会計にて

□ Aさん（70代・男性）
……「食事代ぐらいは男性がもつべき」

□ Bさん（40代・女性）
……「相手が年下なら私が出すべき」

□ Cさん（20代・男性）
……「気をつかいたくないので食事代は割り勘にするべき」

とくにいまの若い人たちは、割り勘があたりまえの世代です。それぞれ考え方が違うという点は、認識しておかなければいけません。

□イライラするなら「べき」を手放してみる

もし「自分がおごろう」と思ってしたことでも、お礼がないことにイライラするのであれば、「おごるべき」という発想そのものを手放してしまいましょう。

イライラするくらいなら、はじめからごちそうしないほうがいいですよね。

友人としてのつきあいは続けたとしても、おごることはやめ、今後その友人と食事に行く際には、さっと自分の分だけ支払いをして、割り勘にしましょう。

おごられることがあたりまえだと思っている人には、「お金を払ってもらえるのはあたりまえではない」という振る舞いをすることもときには必要かもしれません。

ただし、本当に育てたいと思っている部下などの場合、話は別です。

マナー指導として、取引先の誰かに接待でごちそうしていただいたり、食事をおごってもらう場面があったら、「ごちそうさまでした」「ありがとうございました」とお礼を言う大切さを伝えましょう。

「おごられ方」のマナーを伝えてあげることは、その人のためになります。

相手によって振る舞いを見直し、イライラの原因を自分で取り除けるようにしたいですね。

まとめポイント

気持ちよくおごれないときには、自分の「べき」を見直しましょう

ケース
28

理不尽に怒られた相手に会うたび嫌な気持ちがわいてしまいます

知人を怒らせてしまい、その場をおさめたくて謝ったのですが、冷静に振り返ると、「なぜ私ばかりが謝らなければならなかったのだろう」「私だけが悪いわけではないのに、あそこまで怒られるなんて納得できない」という怒りがわいてきました。以来、その人と会うたびに嫌な気持ちになってしまいます。

（主婦E美・40代）

今後どうつきあいたいかで対応を考えましょう

□つきあいが続く人には、思いを伝えるのがベター

理不尽な怒りをぶつけられると、納得できない気持ちで怒りがわいてきますよね。今後も会う機会がある相手だと、そのたびに嫌な気持ちになってしまうことも。これからのおつきあいにも影響しそうな場合、対応策を考えなくてはいけません。

まずは、相手とどれくらい深くつきあいたいかという点を考えてみましょう。これからもつきあいが続いていく間柄なら、怒りが蓄積していく前に、思いを伝えてしまったほうがいいかもしれません。

「あのときのことだけど、怒られてびっくりしたからとっさに謝ってしまったけど、そのあと冷静になって考えてみたら、そこまで怒られるようなことはなかったと思って。あそこまで怒った理由を教えてもらえないかな」

もしも聞けるなら相手なら、怒っていた理由まで聞いてみてください。

相手に怒りの気持ちを伝える？　伝えない？

▼

その人との今後のつきあい方は……

深くかかわる	浅いつきあいでOK
↓	↓
モヤモヤした怒りが蓄積しすぎる前に冷静に伝えてわだかまりを解く	何も伝えず「この人は理不尽な怒り方をする人なのだ」と見限って割り切る

理由がわかったら、行き違いに納得できる部分もあるはずです。

□言わない選択をしたのなら、その後は引きずらない

そこまでのおつきあいではなく、「あえて言いたくない」「言ってもしょうがない」と思う相手であれば、言わないという選択をします。

「この人は理不尽な怒り方をする人なんだ」「深いつきあいをするほどの相手ではない」と心の中で整理して、モヤモヤした感情を引きずらず割り切るようにしましょう。

その人との関係性について、今後どうして

いきたいのかを基準に選択してください。
ときには適度な距離をとることも、ひとつの手です。

人づきあいをしていくうえでは、理不尽なことも多々起こります。
怒りやネガティブな感情、嫌だと思う気持ちはこれからもわいてくるでしょうし、完全になくすことはできません。

そんなとき、ネガティブな感情に過剰に引きずられないように、「その人との関係をどうしたいか」という視点で対処できるようになりたいですね。

まとめポイント

「どれくらい深くつきあいたいか」で対処法を選択しましょう

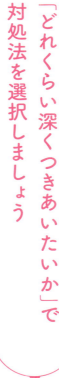

ケース
29

時間にルーズで、ドタキャンばかりの友人に呆れと怒りが…

時間にルーズで、「5分の遅刻くらい許容範囲でしょ」と思っている友人。しかも、最近は約束してもドタキャンが続き、私の時間を無駄にされているなと感じます。だんだん私自身がないがしろにされている気にもなってきて、無性に腹が立ってしまいます。こういった人と、どうつきあえばいいでしょうか。

（会社員Ａ子・30代）

自分の「こうあるべき」にこだわりすぎないで

□時間・約束に対する「べき」の価値観は、人それぞれ

怒りは、自分が大切にしている「〜するべき」「〜であるべき」という思いをないがしろにされたときに生じる感情です。

とくに、時間や約束に関しては、守るのがあたりまえと思っている人も多いのではないでしょうか。だからこそ、「なんで、こんなことも守れないの！」と腹を立てる度合いが高くなってしまうのです。

しかし、実際には「待ち合わせの5分前には着いておくべき」という人もいれば、「5分程度の遅れは許容範囲」と思っている人もいます。一般的に言われているような、「約束を守るべき」「時間を守るべき」という基準は、人によって違うということを理解しておきましょう。

□約束を守らない、時間にルーズな人への対処法

世の中には、約束を破ることや遅刻することに罪悪感を持たない人もいます。

ですから、「約束を守らない、時間にルーズ」＝「あなたを大切にしていない」とは限りません。これは、あなたの受けとめ方次第です。

また、誰に対しても時間がルーズな人もいれば、「この人なら許してくれるよね」と甘えているだけの人もいるでしょう。

相手が意図的に「ないがしろにしてやろう」と思っているかどうかまでは、行動からはわからないものです。

もし気になる場合は、率直に「これだけ頻繁に時間を守ってくれなかったり、約束を破られると、私のことを大切にしてもらえていない気がするんだ」と正直に伝えてみましょう。


中には、何度守るようにお願いしても、必ず5〜10分は遅刻してしまう特性がある人もいます。その場合は、そもそも対応方法を変えることも必要です。

たとえば、みんなに知らせる日よりも一日早い期限を伝えておいたり、ほかの人

が10時集合なら、「○○さんは9時45分集合だよ」と、10～15分早めに伝えておくのです。そうやって現実的に困る部分は、事前に対処しておけばいいのです。

ほかには、2人きりではなく複数名での約束にして、その人が「来ても来なくても大きな影響はない状況」をつくっておく方法もあります。加えて、そういった人から「誰か人を紹介してほしい」といった仕事関係の頼まれごとがあった場合も、相手に不義理をする可能性がありそうならば、断ることも必要かもしれません。

時間にルーズなことが、本当に腹立たしいというレベルのものであれば、「こういう習性だからしょうがない」と割り切ってつきあう。もしくは、こういった友人と約束するようなやりとりをそもそも避ける、というのもひとつの選択です。

まとめポイント

毎回イライラするより、先手を打って対処しましょう

ケース
30

いつもマウンティングしてくるママ友がうっとうしいです

夫がまた海外出張で…おたくはパパがいつもいてうらやましいわ
またはじまった

夫の職業や収入、子どもの成績のことなど、なにかにつけて人を見下したり馬鹿にしたりするような発言をするママ友に対して、怒りがわいてきます。子どものことがあるのでトラブルは起こしたくありませんが、家に帰って思い出してはイライラしてしまい、とてもストレスです。

（主婦R恵・30代）

50

怒り度数

相手のペースに乗らないようにしましょう

□マウンティングをするのは、本当は自信のない人

相手よりも、優位に立とうとマウンティングしてくる人がいますね。

私も、たまに遭遇すると驚いてしまうことがあります。

じつは、マウンティングは、自分に自信がないからしてしまう行為なのです。他人を下に見て、馬鹿にし、自分が優位に立つことでしか自分の自信を保てない人だということです。

そうとらえると、「寂しい人だな」と思いませんか？


反撃したい気持ちが芽生えても、ママ友との関係が悪化することで子ども同士の仲にも影響してしまうのでは、という心配からグッとこらえているママもたくさんいらっしゃることでしょう。

頭にくることもありますが、マウンティングされたときに一番いいのは相手にし

ないこと。

落ち込んだり、イラッとしたり、いちいち反応することのほうが、相手の思うツボです。ママ友とは、できれば下手にトラブルを起こしたくありませんよね。適度な距離をとり、あまり接点を持たないようにするのが得策です。

□相手と同じ土俵に立つことはしない

「うちの夫は○○に勤めているけど、△△さんのご主人って聞いたこともない会社にお勤めなのね。そんな会社があったの知らなかったわ」

「○○ちゃん、習い事してないの？　かわいそう～。うちの子なんて、週に3回も習い事しているのよ」

こんなふうに、ママ友から何か嫌な発言をされたら、聞き流してしまいましょう。

何か仕返ししたくなって、マウンティングするママ友について「どれだけ嫌な人なのか」を周りに言いふらし、ほかの人たちが嫌うように仕向けようとする人もいますが、これはやめたほうがいいでしょう。

どれだけその人がダメなのかを言いふらすという行為は、自分もマウンティングする人と同じレベルの行動をしているようなものです。

そうなると、「あの人も困った人だね」と周りからの評価を下げることになってしまいますので、気をつけたいですね。

マウンティングしてくるママ友と、同じ土俵に立たないこと、わざわざ相手にしないことが、相手に一番ダメージを与える対処法になります。

まずは一回、スルーしてみましょう。スルーしているうちに、だんだん気にならなくなってきますよ。

まとめポイント

マウンティングに乗らない！スルースキルを身につけましょう

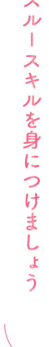

ケース
31

信頼していた友人に利用された怒りが消えません…

怒り度数

長い間信頼していた友人に、高額商品を売りつけられました。裏切られたことを思い出すたびに、フツフツと怒りがわいてきます。利用されていたことに気づかなかった自分への腹立たしさや悔しさもあって、「いつか会ったらなんて言ってやろうか！」「仕返しをしたい！」と思うこともあります…。

（会社員S雄・20代）

嫌な相手のために、悶々と過ごすのはやめましょう

□思考が過去や未来に飛んでしまうときは、いまに集中する

心から信頼していたのに、相手はそうは思っていなかった。しかも利用するために友人のフリをしていたのかと思うと、怒り心頭になりますよね…。

そのような大きな怒りの場合、頭の中で思考が暴走しないように、注意する必要があります。怒りのあまり、よからぬ過去を思い出し、そこからさらに、よからぬ未来へ思いをめぐらすような状態にならないようにしてください。

そういう相手とは今後、つきあうことはありませんし、そんな相手のために自分が悶々とし、怒りを抱えて生きていくのは馬鹿らしいと割り切りましょう。

世の中には、誰かをだますくらいなら自分がだまされたほうがいいと思える人もいます。また、「だまされた自分にも落ち度がある」というとらえ方ができると、怒りにとらわれないですむでしょう。

「すごくいい人だと思っていたけど、自分には見えていない側面があったな。人は怖い部分もあるけど、今後こういう人がいたら引っかからないようにしよう。つきあう人はしっかり選ぼう」というように思考を切り替え、この経験を次につなげるのです。

□「だまされた！」「あの人が100%悪い」という自分の解釈を変えてみる

「なんでこんな目にあうの！」と思うような、理不尽なことはたくさんあります。

しかし、何もないところから、急に何かが起こるわけではありません。

友人に限らず、さまざまな人とうまくおつきあいできる人は、どうすれば人といい関係性を築けるかを常に意識しながら生活しています。何かトラブルがあったときも最小限のダメージで解決できるように考えているのです。

たとえば、

- 相手を信じ切ってうっかりしてしまった
- 甘い言葉に乗ってしまった
- あまりにも無防備すぎた

というように、問題の原因が、自分にもなかったか省みてみましょう。

そのときに傷ついた気持ちを否定する必要はまったくありませんが、時間を経て「これも学びだったかもしれない」と思えるようになるといいですね。

そのときには、怒りも消えているはずです。

ただ「相手が悪い」と思うだけではなかなか解決しないもの。そこから解放されるには、自分の考え方ひとつです。

人づきあいには失敗がつきものですから、「同じことを今後は繰り返さないよう、どうしていこうか」と、考えるきっかけにしましょう。

まとめポイント

冷静になれたら、自分にも原因がなかったか振り返ってみましょう

COLUMN 4

自己防衛と被害者意識

誰かのせい、何かのせいにするのは自己防衛からきている

以前、社内研修に登壇したとき、30代半ばの男性がこんなことを言いました。

「営業職を続けたかったのに、インストラクター職へ異動になった。いまの仕事がうまくいかないのは、不向きなことをさせた会社が悪い」

こういった思いは、自己防衛の気持ちからきています。自分がうまくいかなかった言い訳として、人事というどうしようもないものを使って、できない自分を守っている状態なのです。

「どうやって指導したら、うまく伝わるだろう」「どうスキルを磨いていけばいいだろう」というほうへ気持ちを向けていれば、もっと早く新しい仕事に馴染めていたかもしれません。

マイナスに思える出来事は、成長のきっかけにも

悶々とした怒りを、すべて誰かや何かのせいにしている人は、意外にも多いものです。先ほどの彼は、研修後に「逃げ道をつくらずに、腹を括って取り組むという気持ちが足りていなかったということに気づきました。私の苦悩は、できなかったときの言い訳であり、逃げでした」と言ってくれました。

マイナスに感じる大きな出来事も、「自分が変わる、自分がよくなるきっかけになる」と思えるといいですよね。

成功した人の多くも、思い悩んだり、大きな怒りを抱えたりしたところから立ち上がって、いい結果を出したり、幸せや成功を手にしています。

ショックな出来事があったとき、もちろんしばらくは悶々としたり、しゃがみこんでしまうこともあるかと思います。しかし、それをどう克服するかが、大きな分かれ道なのです。

第5章

\まだある！/

その他のシーン編

ご近所さんや公共の窓口、はたまた通りすがりの他人など、
深いつきあいはないものの、
思わぬところで腹の立つ出来事に遭遇することがあるもの。
そんなときの対処の仕方を見ていきましょう。

ケース
32

「たいしたことはない」と流したのにあとから文句を言いたくなります

会話の中で「たいしたことではないから…」と思って言葉を飲み込んだのに、あとから「やっぱりひと言言っておけばよかった。いまさらだけど文句を言いたくなった」と思うことがあります。その瞬間は、些細なことだと思って流したのに…。あとから怒りがわいてくるとき、どうしたらいいでしょうか。（会社員R子・40代）

あとからでも自分の気持ちを伝えてみましょう

□思い返すことで怒りが大きくなることも

そのときは流せたのに、あとから気になって怒りがわいてしまうことがあります。タイミングを逸してしまったばかりに、言い損なったままで「言っておけばよかった」と後悔することは意外と多いのではないでしょうか。すると、次第に「何であのときに言えなかったのだろう…」と自分を責める気持ちも出てきたりします。

最終的には、「あの人があんなことを言ったから…」と、相手に対しての怒りが込み上げてきてしまうこともあるでしょう。

怒りは、思い返すことで大きくなったり、別の方向性に発展していったりする性質があるのです。これ以上怒りを大きくさせないためには、時間が経過してしまっていたとしても自分の気持ちを伝えるのが最善かもしれません。

こちらの気持ちをあとから伝える場合、時間が経っているため、相手によっては忘れていて戸惑ってしまう人もいるでしょう。そうなると、本来言いたかったことが伝わらないばかりか、関係性が悪くなることもあります。

伝えるときは、文句ではなく、

「○○のときに、△△さんが～と言ったこと（したこと）が、引っかかっている」と、気になっていることをピンポイントに、落ち着いた状態で伝えてください。

このとき、感じた気持ち（ショックだった・悲しかった・困惑した…）を伝えるのもいいでしょう。

□伝えるときにはあらかじめ「ゴール」を決めておく

相手に言う前には、自分の望むゴールを先に決めておきましょう。

- 自分の気持ちを伝えるだけでいい
- 「今後は言わないでほしい」「○○しないでほしい」とリクエストを伝えたい

ここを最初に決めておくと、あとから余計なことを言って、関係がこじれるようなことにならずにすむでしょう。

（例）ほかの人の前で、「けっこういい加減だよね」と言われたのが嫌だったとき。

「たとえ冗談のつもりでも、本当に『いい加減な人だ』と思う人もいるかもしれないから、誤解を招きそうで、嫌だなと感じたんだよね」

普段から、「この範囲に触れられたら、流せないから言おう」「ここまでなら言う必要がないから『まぁいいか』と思おう」というように、自分の価値観にもとづいた線引きをして、振り分けられるようにしておきましょう。

また、女性の場合、「あのとき自分がどんなにショックだったか、どんなに悲しかったかわかってほしい」と、当時の気持ちを理解してほしいという要望を持つ人が多い傾向にあるようです。

そのような人には、感情を言葉にして伝えることをおすすめしています。いったん誰かに気持ちを聞いてもらえると、スッキリするものです。

まとめポイント

怒りをため込む前に「ゴール」を決めて伝えてみましょう

ケース33

コロナ禍の中で感じた社会や政治への怒りがおさまりません

私たちの生活を大きく変えた新型コロナウイルス。それに対する政治家の対応や、なかなかよくならない社会に対して日々怒りが倍増しています。「自分ではどうにもならない」というもどかしさもあり、鬱々としてしまいます。どうにもできないことに対する気持ちは、どう対処したらいいでしょう。

（会社員Y江・40代）

怒りを大きくしない選択をしましょう

□どうしようもないことに意識を向けないようにする

コロナ禍で増えた相談で「政治家の対応や、行動を規制されている時期にもかかわらず、守らない人たちを見るとイライラする」という声をよく聞きます。

そのほかにも、たとえば、天候、自然災害、他人の感情など、世の中には自分の力ではどうにもできないことが多々あります。

どうにもならないことだとはわかっていても、怒りを覚えてしまう経験は、誰しもがあると思います。

そういったことに「なんでこうなの!?」「なんとかならないの!?」と怒りを募らせていると、どんどん嫌な事象にとらわれてしまい、現実が変わらないことへのストレスがむくむくと膨れ上がってしまうのです。これは避けたいですよね。

自分でコントロールできないことに対して、必要以上の怒りを持ち続けないように、「これは、自分のコントロール外のことなのだ」と、見極め、受け入れられるようにしていきましょう。怒りをなくすことはできませんが、その怒りを必要以上に大きくしない行動は、自分で選ぶことができるのです。

□「デジタルデトックス」で怒りのもとをシャットアウト

では、怒りを大きくしないために、自分でできることには何があるでしょう。

「デジタルデトックス」という言葉を、聞いたことはありますか？

コロナ禍のようなケースでは、自分ができる感染予防を続ける一方で、インターネットやSNSなどから流れてくる情報を、あえてシャットアウトするという人も増えてきました。

こうした手法を「デジタルデトックス」といいます。

昨今は、さまざまな情報に触れる機会があります。でも、それらが目や耳に入ることで気になってしまい、余計にストレスが増してしまう場面も多いもの。

ですから、怒りの感情を刺激するような情報を、あえて制限する方法はとても有効なのです。

ただ、いきなり「デジタルデトックスをしよう」と思っても、身の回りに情報が

多い分、すべてを制限するのはハードルが高いでしょう。まず最初は、

「3日間SNSを開かない」

「1週間はテレビの情報番組を見ない」

「決めたサイト（または新聞）のみで情報収集をする」

といったように、期限や手段を限定して挑戦してみてはいかがでしょう。

入ってくる情報を減らすことで、イライラも不要に大きくならず、落ち着いて過ごせるはずです。

残念なニュースも多い世の中ですが、触れる情報を自分で選択することで、心を平穏に保ちたいですね。

まとめポイント

デジタルデトックスなど、怒りを大きくしない行動を選択しましょう

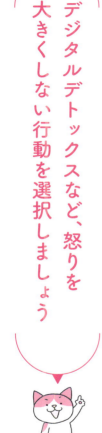

ケース
34

介護に関する手続きでの役所のたらい回しに腹が立ちます

3番窓口に行ってください
3
まずは5番窓口ですよー
・・・・。
なんなのよ

怒り度数

親の介護をしているため、手続きなどでよく地元の市役所に行きます。でも、窓口をたらい回しにされたり、手続きが煩雑で「なんでこんな大変な思いをしなければならないのか」と帰宅後に怒りが込み上げてくることも。行政のような組織に、立腹しても仕方がないとわかってはいるのですが…。

（主婦J子・50代）

手続きを進めることに注力しましょう

□イライラしていると、余計に手続きが遅くなってしまう

親の介護は家族にとって深刻な問題ですし、どうしたらいいのか戸惑うことも多々ありますよね。加えて、早急になんとかしたいのに、慣れない役所での手続きが煩雑で、時間がかかったりすると、さらに憤りがプラスされてしまいます。

こんなとき、ついイライラしてしまいますが、怒りでいっぱいになっていると、冷静な対処ができなくなってしまいます。

必要な手続きを進めなければ解決できないのに、イライラすることでますます時間がかかってしまうという悪循環に…。こんなときには、まず、手続きを進めることに意識を向けましょう。

私も親の介護に直面したときは、どうしたらいいのか本当に戸惑いました。急に

介護が必要になった親のケアにも慣れておらず、加えて仕事も忙しい時期。なかなか手続きに時間を割くことができず、やっと行けたと思っても書類が足りず何度も手間がかかったり…。

こういったときは、「今後どうするのが親や私にとって最善なのか」ということに、意識を向けましょう。そして、手続きには時間がかかるにせよ、とにかくひとりで抱え込まなくてすむように策を考えるのです。

□ひとりで抱え込みすぎない

思うように手続きを進められず、「なんでこんな大変ことに…」と思い続けていると、そのイライラが親に伝わってしまうことも…。

親自身が子どもに負担をかけることを気に病んでいるケースもあるので、そうなるとお互いの関係にも影響してしまいますよね。

怒りは身近な対象になるほど強くなる、という性質があります。

実際に、「親の介護をしていて、つい親にイライラをぶつけてしまった。その後、自己嫌悪に陥ってしまって、自分への怒りもわいてきます…」という話もよく耳にします。できれば、このような悪循環は避けたいですよね。

私の場合は、介護を経験している友人たちに相談をし、地域の介護ヘルパーさんの力もお借りしながら進めていきました。

役所の手続きの代行や、どのような介護サービスを受けられるのかというアドバイスも多々いただき、サポートを得たことでとても助かったのです。

イライラして親や家族に怒りをぶつけてしまったり、モヤモヤした気持ちで手続きが滞ってしまうよりも、悩みをひとりで抱え込まず、経験者や専門の人、周りの人たちの助けを借りるのもおすすめです。大変ですが、乗り切りましょう。

まとめポイント

経験者に相談したり、周りの人を上手に頼りましょう

ケース35

子どもを連れていると、やたらと「かわいそう」と言われ頭にきます

こんな朝早く
かわいそうに
あら靴下も
履かせてないの…

40
怒り度数

子どもを連れていると、必ず「○○で子どもがかわいそう」と声をかけてくる近所の年配女性がいます。「靴下を履いていなくてかわいそう」「抱っこひもが窮屈そうでかわいそう」など、些細なことでも毎回となると、子どもへの愛情を否定されているようでだんだん頭にくるようになってしまいました。

（主婦K子・30代）

嫌な時間をさらっと流せるようにしましょう

□気になる言葉を受け流す力を鍛える

相手はよかれと思ってした発言でも、言われたほうは自分を否定されたように感じてしまうことがありますよね。そんな相手に遭遇したら、とにかく受け流しましょう。

自分を基準に「〜したほうがいい」と、口を出してくる人はどこにでもいるもの。そんなとき、「余計なお世話」といちいちイライラしていると、自分が疲れてしまいます。

たとえば、今回のようなケースなら、

「靴下を履いていなくてかわいそう」

↓「靴下を嫌がるんですよ」「すぐ脱いじゃうんです」

「抱っこひもが窮屈そうでかわいそう」

↓「最近のものは親と密着できるつくりなんですよ」

子育てにまつわる切り返しの例

☑「ひとりっ子じゃかわいそうよ」
→**ひとりでも授かっただけで大満足なんです**

☑「体が小さいけど大丈夫？」
→**よく動き、よく食べて、元気いっぱいなんですよ**

☑「ママは家にいなきゃだめよ」
→**わが家は外に出ることに大賛成なんです**

☑「嫌いなものも食べさせなきゃ」
→**まずは食べることに興味を持ってもらおうと思って**

☑「昔はアレルギーなんてなかったわよ？」
→**そうみたいですね。いまは28品目もあるんですって**

「朝早くに保育園に行かされて、かわいそう」
↓「うちの子、保育園が好きなんですよね」

このように受け流したり、切り返したりする言葉の引き出しを増やして、とっさのときにも言えるようにしておきましょう。

□普段から切り返しの言葉を増やしておく

話しかけてくる人に対して、無視するというのは、さすがに気が引けるものです。

同じ町内や同じマンションであったらなおさら、ご近所の人を無下にするわけにはいかないですよね。あまりかかわりたくないなら、挨拶程度はして、さっさと立ち去るのが得策です。立ち止まってじっくり話をする必要はありません。

相手から何か言われたときに、パッと言葉を切り返すのが苦手な人もいるでしょう。そういったタイプの人は、前述したように、事前に切り返しの言葉を考えて、増やしておくといいですね。

言われたことを思い出して怒りがわいてきたときには、「次に同じことを言われたら、こう切り返そう」というパターンを考えて、複数書き出しておきましょう。

自分の「べき」で他人に干渉してくる人は、電車の中や道での通りすがりにもいるかもしれません。そういった人たちに対しては、「もうおつきあいのない人だ」と割り切って、聞き流すのがいいでしょう。困った人にいちいち気をとられて、悶々としてしまう時間のほうがもったいないのです。

まとめポイント

受け流せる言葉をたくさん用意しておきましょう

ケース36

先生に「その進路は君には無理」と言われいまでも許せません！

高校時代、担任の先生に進路の相談をしたら「君には無理だ」と言われて、とても傷つきました。自分としては真剣に考えて決めたことなのに、先生に無理だと決めつけられ、やる気を削ぐような言葉をかけられたことに、「それでも教師か！」と、いま思い出しても腹が立ちます。

（会社員 一郎・20代）

“ドリームキラー”に引っ張られないようにしましょう

□怒りに振り回されず、成長するためのバネに変えてみる

「ドリームキラー」という言葉を、聞いたことはありますか？　夢を妨害しようとする人、ネガティブな言葉を投げかけて、前に向かって進むのを阻もうとする人のことです。目標に向け懸命に努力しているときに、そんなドリームキラーに出会ってしまうこともあるでしょう。

残念なことに、教員という職につきながらも、生徒の可能性を信じることなく、ただ合格率を上げるために受かりそうな進路しか勧めない先生も中にはいます。大事なことは、先生に言われたときに、その先生の言うとおりに「やっぱり無理だ」とあきらめるのか、「そうは言われても、自分が通う学校だから」と自分の決めた道を進むのか、ここは本人の判断次第だということです。

一番よくないのは、先生に「無理だ」と言われたことで、怒りの感情に引っ張ら

れてしまうケースです。とくに、すべてを先生のせいにして投げ出してしまうのはNGです。

「あのとき先生に言われたから、私のやる気がなくなった」

「モチベーションがなくなった」

と他人のせいにするのは、自分のためにもならないのでやめましょう。


このようなドリームキラーの人に何か言われたことへの怒りは、行動を起こすモチベーションに使うほうが建設的です。

怒りはほかの感情よりもエネルギーがありますから、「バカにされて悔しいから、がんばる！　見返してやる！」と奮起して、結果を出すための原動力に使いましょう。

□うまくいかないことを人のせいにしない

怒りをバネにして行動し続けていると、結果が出る頃には怒りがだいぶ薄れ「あのときのあの出来事のおかげで、私はこの結果が出せたんだ」と思えるようになります。

アンガーマネジメントができる人は、怒りに振り回されずに怒りをうまく使える人です。怒りさえも行動のきっかけにすることができれば、いろいろなシチュエーションで大きな結果を出せるようにもなりうるのです。

一方、怒りのコントロールができない人は、復讐する、嫌がらせをするなど怒りを非建設的な方向に使ってしまいます。

せっかくなら、怒りを行動の原動力としてポジティブに使いましょう。自分を高めるために使ったほうが、ずっとこれからのあなたのためになりますよ。

まとめポイント

相手から否定されたら、結果を出すための原動力にしましょう

ケース 37

先生に我が子を「おかしい」と言われ怒りが込み上げます

○月×日
○○くんひとりだけちょっとおかしいんですよねー
おかしいって…何なの？

子どもの担任の先生と面談したときに「○○ちゃんの行動はほかの子と比べておかしいですよ」と言われてしまいました。ショックで、その場では何も言えませんでしたが、「先生が、子どものことを『おかしい』と言うなんて…」と、傷ついて許せない気持ちや、怒りが込み上げてきます。

（会社員H子・30代）

60
怒り度数

他人の主観をどうとらえるかは、自分で選択できます

□気になるときは、先生に直接真意をたずねる

たとえ教育者という立場でも、全員が人格者とは限りません。

あなた自身が「教育者なのだから～であるべき」という思い込みを持っていると、それによって怒りがわいてくることもあるでしょう。


「おかしい」という判断は、あくまでも先生の主観で、とても抽象的な言葉です。

もし、言われたことが気になったり、納得がいかない場合、何をもって「おかしい」と感じたのか、先生に具体的にたずねてみましょう。


「面談のときに、『○○ちゃんはおかしいですよ』と言われ、どこがおかしいと思われたのか気になっていました。そう言われてショックでした」

「先生から見て、どういうところが『おかしい』と思ったのか、教えていただけな

いでしょうか？」

このとき、責めるように言うのではなく、純粋に質問として聞くことがポイントです。

もちろん、言わないという選択肢もあります。

「あの先生に何かたずねても、しょうがない」

と思うのであれば、「おかしい」と言われたことは、先生の主観だと割り切りましょう。その主観を受け入れるか、受け入れないかは自分次第です。

あくまでも先生個人の主観ですから、「自分の子どものことは、親である私がいいところを見つけて、伸ばせるようにしよう」と思えれば、それでもかまいません。

□頼りになる第三者に相談してみましょう

うまく気持ちを切り替えられずモヤモヤするのであれば、誰かに相談してみてください。子どものことをよくわかってくれている人がいいでしょう。

自分の親や、ママ友、塾の先生などに相談してみるのもおすすめです。

「学校の先生にこんなふうに言われたんだけど、どういうところがそう思われたんだろうか」と、聞くことで、客観的な意見がもらえます。可能であれば、担任の上司にあたる主任や教頭先生に、クレームと取られないよう、冷静な伝え方で相談してみるのもありでしょう。

ここで注意したいのは、相談する相手を選ぶことです。「あの先生、おかしいよね！」と悪口に同調するような人に打ち明けると、怒りが増幅してしまいますので、相談するのは避けましょう。

ママ友の中にも、頼りになる人や、経験豊富な先輩ママがいるはずです。「そんなことは気にしなくていいよ」と、冷静に対応してくれる人に話しましょう。相談する相手は間違えないようにしたいですね。

まとめポイント

他人の主観だけにとらわれず、客観的な意見も確認しましょう

COLUMN

5

時間を使って心を落ち着ける「タイムアウト」の活用を

インターバルをとって冷静に

ケンカをしているときに、過去にその相手からされた嫌なことを思い出しては怒りが増し、つい余計なことまで言ってしまったということはありませんか？

そんなときにおすすめしたいのが、アンガーマネジメントのテクニックである「タイムアウト」という方法です。これは、スポーツの「タイム」と同じで、いったんインターバルをとるというものです。

このまま言いあいを続けてしまったら、罵倒しあい、いい結末にはならないなと予想できるときには、「トイレに行ってくる」、「ちょっと水を飲んでくる」などと言ってその部屋を一度立ち去りましょう。このとき、何も言わずに去ると険悪になってしまうので「戻ってくる」ということも、必ず伝えてください。

時間を有効に使って話しあいの再開を

戻るまでの間に自分の気持ちを落ち着け、冷静になるよう整えましょう。たとえば、深呼吸をしたり、ストレッチをしたり、お水を飲むことも、怒りをしずめるのに有効です。

気持ちの高ぶりがおさまってから部屋に戻り、冷静になった状態で話しあいを再開しましょう。

ここで注意したいのは、その場を離れたところで、相手の文句を言ったり、物にあたったりしないこと。落ち着くどころか、ますます興奮状態になってしまっては、タイムアウトの意味がなくなってしまいます。

冷静に話しあいができるように、タイムアウトを活用してみてくださいね。

第6章

「怒り」と上手につきあう心のトレーニング

最後の章では、なかなか断ち切ることのできない
過去の怒りの感情と上手に向きあい、
心をラクにしていくためのトレーニング法をご紹介します。
「やってみようかな」と思えるものから
ぜひ実践してみてください。

心の
トレーニング
1

怒りを感じたことを書き出して状況を客観的に見る

ストレスログ

■長年の怒りにケリをつけるための方法

ストレスログとは、不毛な怒りに振り回されることなく、適切な行動を選択できるようにするための方法です。

世の中には自分の力ではどうにもならないことが数多くあります。

それに対して「どうしてこうなるの?」「どうにかならないの?」と怒りを募らせてもどうにもなりません。かえって自分の怒りが増幅し、ストレスがたまる結果となる場合も…。

アンガーマネジメントは、怒りから解放される魔法のメソッドではありません。怒りと上手につきあうための心理トレーニングです。不毛な怒りを引き起こさない、怒りに振り回されないようになることが目的です。

怒りを感じた際に記録する「ストレスログ」で、怒りを感じている状況を客観的に見る訓練をしていきましょう。

■紙に書き出すことで、対処の仕方がわかる

では180ページに、実際にストレスログを書いてみましょう。

怒りを感じていることに対して、頭の中で思い浮かべるだけではなく、紙に書き出すことで、より整理しやすくなります。


その怒りやストレスについて、次の2つに焦点を絞って考えてみます。

「自分がコントロールできることか、そうでないか」

「自分の人生において重要なことか、そうでないか」

この2つのポイントを軸に、4つのマスのいずれかに振り分けます。たとえ同じ出来事や悩みでも、人によって価値観が異なるため、振り分けるマスの場所も違うかもしれません。「自分はどうだろう?」という視点で考えながら、整理してみま

しょう。

■対処の仕方がわかると、必要以上に怒らなくなる

怒りに振り回されないようになるためには、客観視する力や、分析する力が必要です。慣れてくると、怒りに対峙した瞬間にどう対処すればいいのかを5分くらいで整理できる人もいます。

客観的に分析できるようになると、「よく考えて行動することで未来は変えられる」とわかり、自分が取り組むべきことが明確になります。「私が何をしても、これはコントロールできないものだ」と飲み込むことができれば、過剰にイライラすることも減っていくはずです。

とくに女性は自分の感情を大切にする傾向にあり、男性よりも感情の記憶量が多いといわれています。そのため、「なんか嫌」「なんかムカつく」というネガティブな感情に振り回されやすいのです。こうなると、どう行動すればいいのか、適切な

判断ができなくなってしまいがちです。

まずは「ストレスログ」を習慣化し、怒りへの対処の仕方を身につけていきましょう。怒りに対して適切な行動の選択ができるようになると、過剰なイライラや消化不良のモヤモヤとした感情にわずらわされることが減っていきますよ。

ストレスログ

　左ページの表を参照しながら、あなたの抱える怒りを下の表に書き込み、整理してみましょう。モヤモヤとしていた自分の感情が可視化され、どのような対処をすればよいのかがわかってきます。

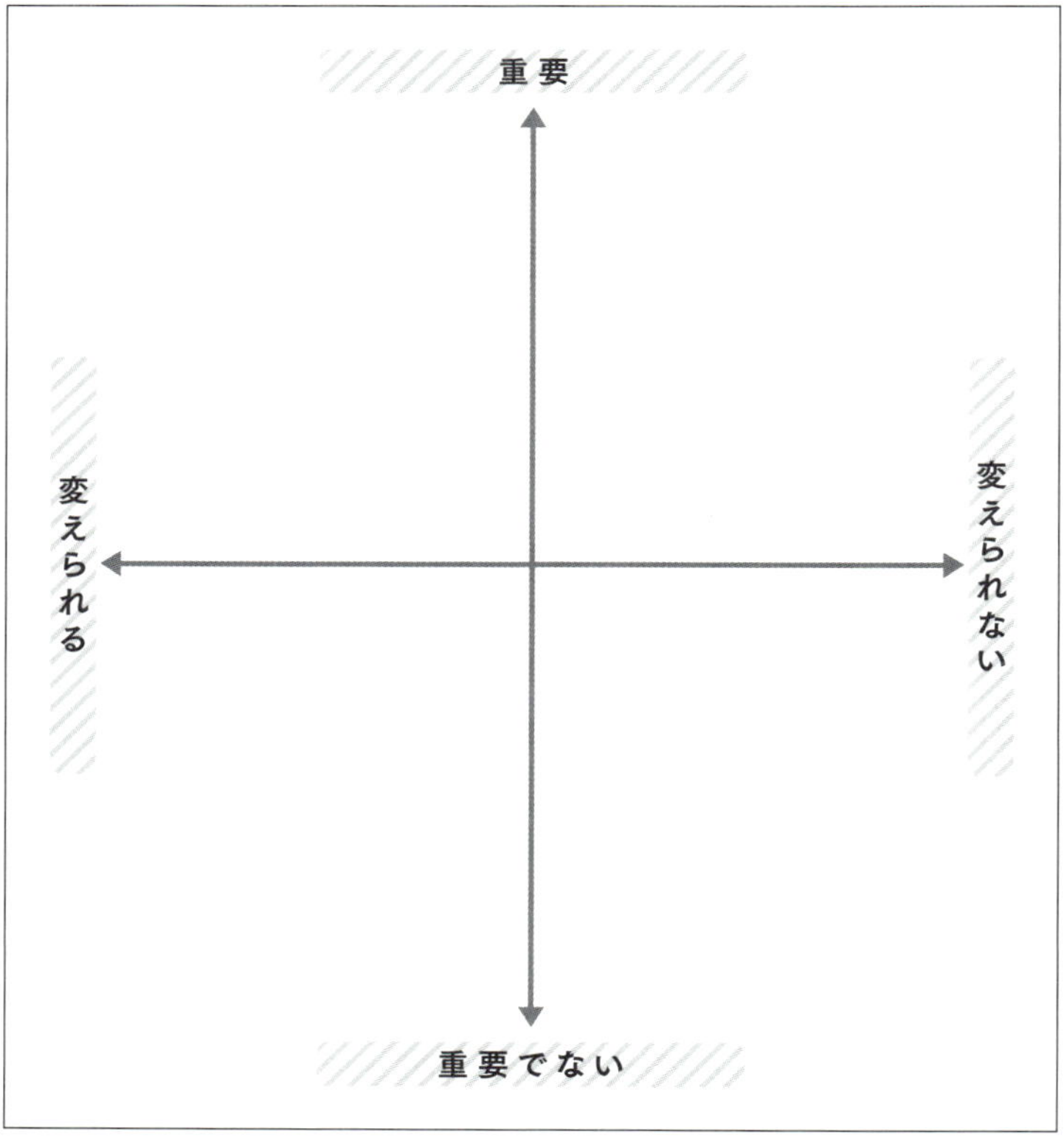

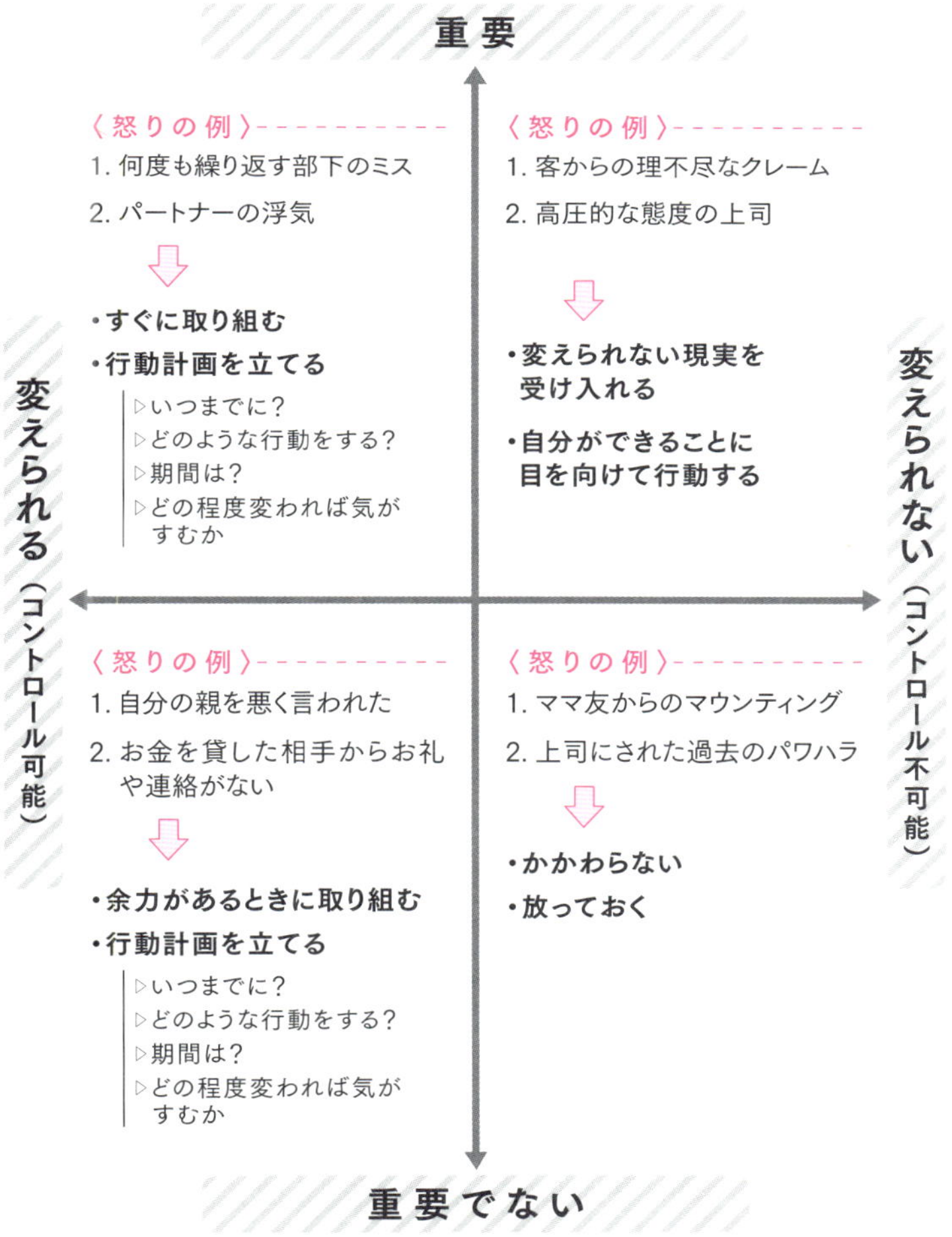
重要
〈怒りの例〉
1. 何度も繰り返す部下のミス
2. パートナーの浮気
・すぐに取り組む
・行動計画を立てる
▷いつまでに？
▷どのような行動をする？
▷期間は？
▷どの程度変われば気がすむか
〈怒りの例〉
1. 客からの理不尽なクレーム
2. 高圧的な態度の上司
・変えられない現実を受け入れる
・自分ができることに目を向けて行動する
変えられる（コントロール可能）
変えられない（コントロール不可能）
〈怒りの例〉
1. 自分の親を悪く言われた
2. お金を貸した相手からお礼や連絡がない
・余力があるときに取り組む
・行動計画を立てる
▷いつまでに？
▷どのような行動をする？
▷期間は？
▷どの程度変われば気がすむか
〈怒りの例〉
1. ママ友からのマウンティング
2. 上司にされた過去のパワハラ
・かかわらない
・放っておく
重要でない

※同じ出来事でも、どのマスに振り分けるかは人によって異なることもあります。
どこに入れるかはそれぞれの判断で決めます。

出典：日本アンガーマネジメント協会

心のトレーニング 2

「いま、ここ」に意識を集中させる

グラウンディング

■怒りがわいたとき、「いま、ここ」に心を向ける

「あのとき、あんなことを言われて腹が立った！」

「いつか会ったら、こう言ってやる！」

このような怒りがわいてきたときは、思考が「過去」や「未来」に飛んでいて、意識が「いま、ここ」に向けられていない状態になってしまっています。

とくに、無意識にできるようなこと（ルーティンワーク、ひとりの食事、慣れた通勤路を歩くなど）をしているときには、意識がどこかに飛んでしまいやすいので気をつけましょう。あとから思い出して怒りがわいてしまう人には、「グラウンディング」トレーニングがおすすめです。このトレーニングを続けることで、ネガティブな思考に振り回されることが少なくなるでしょう。

グラウンディングトレーニング

五感を使って「いま、ここ」に意識を戻すトレーニングです。以下にご紹介する例のように、身の回りのもの・ことに意識を向け、繰り返しおこなってみましょう。

視覚
〈例〉手元にあるペンをよく観察してみる
→けっこう使ったから傷がある
→インクはあと半分くらい残っている

聴覚
〈例〉聞こえてくる周りの音に意識を向ける
→空調の音
→外を走るバイクの音

嗅覚
〈例〉感じる香りや匂いに意識を向ける
→本の紙の匂い
→ホットコーヒーの香り

味覚
〈例〉いつもより注意深く味わってみる
→お味噌汁のダシの風味
→旬のフルーツのみずみずしさ

触覚
〈例〉手元のハンカチや着ている服の肌触りを意識する
→コットンの心地よい肌触り
→麻の服のサラッとした爽やかさ

このトレーニングを繰り返していくと、だんだん「いま、ここ」に意識を集中させることができるようになります。過去のネガティブな感情や怒りに振り回されないための習慣のひとつとしてぜひ続けてみてくださいね。

心のトレーニング 3

実際とは異なる「虚偽記憶」に気をつけて
記憶をポジティブに上書きする

■虚偽記憶＝自分の思い込みで記憶をつくりあげてしまうこと

人間の記憶は、じつはあてにならないものです。実際には起こっていない出来事でも、ときに非常に強い確信をもって記憶を塗り替えてしまうことがあります。これを「虚偽記憶」といいます。とても怖いことですが、怒りなどの強い感情がある場合、虚偽記憶を抱くこともあります。

たとえば、「あのとき、あの人に、あんなことを言われた」と思い出して怒りが込み上げているとき、実際には言われていないことまで、「こんなことも言われた！」と思い込んだり、自分で勝手に悪い方向に記憶を上書きしてしまったりするのです。相手への嫌悪感が募っている分だけ、過大解釈や被害者意識を持って思い返している場合がありますので、注意しましょう。

ネガティブな記憶に
ポジティブな上書きをしてみましょう

虚偽記憶の場合、起こった出来事にネガティブな思い込みの解釈を上乗せしてしまうわけですが、もし本当に記憶の上書き保存ができるなら、逆もできるということ。せっかくなら、ポジティブな解釈を上乗せしてみましょう。

〈例〉

ネガティブな解釈

☐「あんな言い方しなくても……
もう少し他人の気持ちを考えてほしい！」

↓

ポジティブな解釈

☐「よくよく考えて思い返してみると、
相手にそこまで悪意はなかったかもしれない」

☐「自分の思い込みも入っていたのかもしれない」

☐「そもそもここまで怒りを抱えるほどのことではなかったかもしれない」

新しい見方で記憶を上書きしてみましょう。記憶は本当にあてにならないもの。「そんな曖昧な記憶で根に持つなんて、無意味だな」と気づけたら、怒りを手放しやすくなるはずです。

心のトレーニング4

「問題すべてが解決する日」をイメージする

ミラクルデイエクササイズ

■自分の理想とする未来を描けるようにする

あなたがいま抱えている問題がすべて解決した、「奇跡の日（= miracle day）」をイメージするトレーニングが「ミラクルデイエクササイズ」です。

思い浮かべる内容はいつも同じでもいいですし、いろいろな「ミラクルデイ」を描ける人はもちろんそれでもかまいません。具体的な映像を思い浮かべてイメージすることで、今後自分がどこに向かい、どうするべきかが明確になり、行動しやすくなります。怒りの感情に心が支配されてしまい「なかなかうまくいくイメージができない……」という人におすすめです。

最初は思い浮かべることに時間がかかっても、一度しっかりイメージができたら、次からはパッと浮かぶようになり、切り替えも早くなっていくはずです。

「ミラクルデイ」を想像してみましょう

次の質問に対して、静かな場所で、心を落ち着け、具体的に鮮明に「ミラクルデイ」のイメージを思い浮かべてみてください。いかなる制限も設けず、自由な発想で書き込んでくださいね。

どのような気分ですか？ →	
なんとつぶやきますか？ →	
どのような表情になっているでしょうか？ →	
行動に表れる変化はありますか？ →	
誰かに会ったら、なんと声をかけますか？ →	
周囲の人は、その変化に気づきますか？ →	
その人は、どのような声がけをしてきますか？ →	

イメージができたら、次のことも考えてみましょう。

その奇跡の日を10点とすると、今日は何点ですか？ →	
この1年を振り返って、10点に近い日はいつですか？ →	
その日は何をしていましたか？ →	
誰と一緒にいましたか？ →	

心のトレーニング 5

ハッピーログ

幸せなできごとやポジティブな感情を記録する

■ネガティブ思考の自分に気づき、俯瞰できるように

「ハッピーログ」とは、その名の通り、よかった出来事と、うれしい・楽しい・ラッキー・幸せと感じたことを記録していくトレーニングです。長期間にわたって怒りの感情が続く場合にも、おすすめの方法です。

ハッピーログの内容は、日々の些細なことでかまいません。記録していくことで、日頃からポジティブな出来事に目が向くようになります。最初のうちは、うれしいことがあったら、忘れる前にスマートフォンのメモ機能を使ったり、手帳に書いたりして、すぐに記録しておきましょう。こまめに書けない場合は、一日の終わりに「今日はどんないいことがあったかな」と振り返り、日記のように記録してもいいですね。自身のライフスタイルにあわせた方法で、ぜひ試してみてください。

「ハッピーログ」に日々の幸せを記録してみましょう

例

- □ 朝、目覚めがよくて、おいしく朝食を食べられた
- □ 目覚めのコーヒーが、とてもおいしかった
- □ ○○さんに、笑顔で「おはよう」と言われてうれしかった
- □ 洋服をほめられてうれしかった
- □ 干したてのふかふかの布団で心地よく眠れた
- □ 欲しかった人気商品を偶然立ち寄ったお店で購入できた

Episode

「幸せを見過ごしていた自分」に気づけた女性

研修に参加したある女性は、持続性の高い怒りを持つタイプの人でした。日々嫌なことにばかり目が向いていたそうです。けれど、ハッピーログをつけるようになり、「イラッとすることも、ツイていないなと思うこともあるけれど、日常はそればかりではなかった。うれしいことや、ツイていることを見過ごしているのは自分だったことに気づけた」と思えたそうです。起こった出来事を俯瞰してとらえられるようになったことも、大きな変化ですよね。

おわりに

本書を最後までお読みくださり、ありがとうございました。

実際に私が現場でご相談いただいてきた数々の事例をもとに、しつこい怒りに対して、どう扱い、対処したらいいのかということを解説してきました。

アンガーマネジメントに取り組んだ多くの人からは、「怒りを感じることもあるけれど、振り回されなくなってきました」「長く引きずっていた怒りから解放される糸口が見えてきました」という、うれしい声をいただいています。

怒りは自分が生み出した感情です。

だからこそ、自分で取り扱うことができるのです。

少しずつでいいので、ぜひできるところから実践してみていただければと思います。

感情も人生も、自分で選択するものです。
しつこい怒りにさいなまれず、これからの未来をどう生きるのか。
すべては自分次第です。
怒りに振り回されない自分をつくり、前向きに過ごしていきたいものですね。

おかげさまで、「アンガーマネジメントを身につけることで生きやすくなった」という声も日々寄せられています。本書が、「ラクになった」「生きやすくなった」と感じるきっかけになることを、心から願っています。

今回も出版のパートナーとして共に本づくりをしてくれた星野友絵さん、事例選びから共に取り組み、今回も伴走してくださいました。
そしてNOVOの細田操子さん、新星出版社の下門祐子さん、このたびはお世話になりました。心より感謝申し上げます。

一般社団法人 日本アンガーマネジメント協会理事　戸田久実

PROFILE　戸田久実（とだ・くみ）

アドット・コミュニケーション株式会社代表取締役。

一般社団法人日本アンガーマネジメント協会理事。


立教大学卒業後、大手企業勤務を経て研修講師に。銀行・生保・製薬・通信・総合商社などの大手民間企業や官公庁で「伝わるコミュニケーション」をテーマに研修や講演を実施。対象は新入社員から管理職、役員まで幅広い。

研修講師歴 29 年。「アンガーマネジメント」や「アサーティブコミュニケーション」「アドラー心理学」をベースとした「言葉がけ」に特化するコミュニケーション指導に定評があり、これまでのべ指導数は 22 万人に及ぶ。

主な著書に『アンガーマネジメント』『怒りの扱い方大全』（以上 日本経済新聞出版）『アンガーマネジメント 怒らない伝え方』（かんき出版）『働く女の品格』（毎日新聞出版）など多数。

STAFF

構成	星野友絵（silas consulting）
イラスト	坂木浩子（ぽるか）
カバー＆本文デザイン	平田治久（NOVO）
編集協力	細田操子（NOVO）

あとから怒りがわいてくる人のための処方箋

2021年12月15日　初版発行

著　者　戸　田　久　実
発行者　富　永　靖　弘
印刷所　公和印刷株式会社

発行所　東京都台東区 台東２丁目24　株式会社　新星出版社
〒110-0016　☎03（3831）0743

ISBN978-4-405-09415-4